Steinwede · Först
Die Jenseitsmythen der Menschheit

Die Jenseitsmythen
der Menschheit

Herausgegeben von Dietrich Steinwede
und Dietmar Först

Patmos

Bibliografische Information der Deutschen Bibliothek

Die Deutsche Bibliothek verzeichnet diese Publikation in der
Deutschen Nationalbibliografie; detaillierte bibliografische Daten
sind im Internet über http://dnb.ddb.de abrufbar.

© 2005 Patmos Verlag GmbH & Co. KG, Düsseldorf
Alle Rechte vorbehalten
Umschlagmotiv: Mogul-Miniatur aus Indien, 19. Jahrhundert:
Das islamische Paradies Djanna, das Mohammed auf seiner Himmelsreise
aufsuchte (vgl. S. 101).
Printed in Germany
ISBN 3-491-72492-9
www.patmos.de

Inhalt

Zu diesem Buch 8

Mesopotamien
Unterwelt im Zweistromland – Aus dem Gilgamesch-Epos 21

Ägypten
Der Aufstieg des Pharao in den Himmel 22
Ein Lied zum Preis des Westlandes 23
Anbetung des Totengottes Osiris 24
Fortleben nach Art irdischer Verhältnisse 25
Wünsche für das Jenseits 27
Hoffnung auf Seligkeit 30
Die Herren der Höhlen 31

Griechenland
Das Elysion des Homer 32
Hermes führt die Seelen der toten Freier in die Unterwelt 32
Die Seligen Inseln des Hesiod 33
Olympische Ode 34
Platon – Mythos von einer »himmlischen« Erde 36
Platon – Über die Unsterblichkeit der Seele 37

Rom
Der Traum des Scipio 39
Aeneas in der Unterwelt 42
Zu den Sternen erhöht – Die Apotheose Caesars 46
Römischer Grabstein 48

Nordgermanen
Die gefallenen Krieger in Walhall 49

Juden
Auf dem Weg in die Herrlichkeit des Herrn –
»Jenseits« im Diesseits bei Jesaja 52
Jenseitshoffnung im Spätjudentum – Das Buch der Weisheit 53
Des Lebens Schätze am Ende offenbar – Die Esra-Apokalypse .. 55
Bilderrede von der zukünftigen Welt – Die Henoch-Apokalypse . 56

Christen

Die christliche Auferstehungshoffnung in Briefen des Paulus ... 58
Christus, der Richter - Zeugnis des Johannesevangeliums 60
Das himmlische Jerusalem - Die Offenbarung des Johannes ... 66
Die christliche Jenseitsschau des Jesaja 69
Zeno von Verona - Befreiung des Geistes aus der Kerkerhaft
des Leibes 71
Aurelius Augustinus - Ewige Seligkeit, ewige Qual 73
Aurelius Augustinus - Gottes Weisheit an ihrer Quelle trinken .. 73
Johannes Chrysostomos - Von der Herrlichkeit ewigen Lebens . 75
Aurelius Augustinus - Das große Schauen, die ewige Feier 76
Die Stadt Gottes - Eine mittelalterliche Paradiesesschilderung .. 77
Die Jenseitsvision des Iren Tundal 81
Dante Alighieri - Das Paradies 82
Heinrich Seuse - Ich hatte keine Wünsche mehr 86

Iran

Die Jenseitsvorstellung des Zarathustra 88
Die Begegnung der Seele mit ihrem Daena 90

Islam

Die islamischen Jenseitsvorstellungen nach dem Koran 92
Die Huri 95
Mohammeds Himmelsreise 96

Indien

Der Jenseitshymnus des Rig-Veda 101
Das Hindu-Paradies der Puranas 102
Die Himmelsreise der erlösten Seele 104
Die Höhere Welt im Hindu-Mythos Mahabharata 107
Buddha über das Nirvana 109

China und Japan

Das Paradies der Hsi Wang Mu 110
Sukhāvatī - Das Große Westliche Paradies 112

Tibet

Die Wanderung durch Zwischenzustände -
Das Tibetische Totenbuch 115

Indonesien
Die »begu« der Batak in Sumatra 118
Totenlied der Sadan Toradja in Sulawesi 120

Australien, Neuseeland und Ozeanien
Jenseitsvorstellung in Australien 122
In der Unterwelt der Maori 122
Wie Maui in der Unterwelt den Tod besiegen wollte 125

Schwarzafrika
Totenlied der Pygmäen – Äquatorialafrika 128
Jenseitsvorstellungen der Eweer in Südtogo 129
Überfahrt in die Stadt Gottes –
Vorstellungen der Kpelle in Liberia 130
Das Mädchen Marwe –
Eine Unterweltsreise bei den Bantu in Zentralafrika 131

Sibirien
Ein sibirischer Schamane führt eine Seele in die Unterwelt 133

Nordamerika
Das Wissen der heiligen Männer über das Jenseits – Lakota . . . 136
Das Land der Seelen – Sioux 138
Die Seelen der Toten helfen den Lebenden – Vision eines Sioux 140
Die »glücklichen Jagdgründe« der Lenape 142
Das Land der Toten – Serraño 144

Mittelamerika
Himmel und Hölle bei den Tolteken 146
Die Himmelreiche der Azteken 147
Das Kinderparadies der Azteken 151

Südamerika
Die Reise der Seele ins Land des Großvaters –
Jenseitsmythos der Guarayú in Bolivien 152
Die himmlischen Schmetterlinge –
Jenseitsmythos der Kamaiurá in Brasilien 153

Leben danach – Eine Jenseitsparabel 157

Zu diesem Buch

Tod und Jenseits

Jeder Mensch weiß es: Der Tod ist das einzig Unausweichliche im Leben: »Unser Dasein auf Erden ist wie ein Schatten und bleibet nicht«, sagt die Bibel im ersten Buch der Chronik (29,15). Ähnlich ein Indianer: »Wie das Aufleuchten eines Glühwurmes in der Nacht ist unser Leben, wie der Hauch eines Büffels im Winter, wie ein Schatten, der über das Gras huscht.« Und im Buch Ijob lesen wir: »Plötzlich müssen die Leute sterben, und zur Mitternacht erschrecken und vergehen sie« (Ijob 34,20). »Der Mensch ist das Tier, das weiß, dass es sterben muss«, sagt ein Anthropologe.

Indes: Von dem Zeitpunkt an, da die Menschen ihren Toten Beigaben ins Grab legten, ist dokumentiert, dass sie an ein Weiterleben nach dem Tod, an ein Jenseits, glaubten. Sich seiner selbst bewusst zu sein, »Ich« sagen zu können, das hieß, die Frage nach dem Ende

dieses »Ich« und nach einem möglichen Danach zu stellen. Grabbeigaben – Lebensmittel, Gewänder oder auch Waffen – sollten die Toten für die neue Existenz rüsten. Neuere archäologische Funde bestätigen, dass es – gleich der Bezähmung des Feuers und der intelligenten Verwendung von Werkzeugen – ein herausragendes Merkmal des Homo sapiens war, dass er seine Toten bestattete und die Gräber liebevoll ausschmückte. Das Mensch-Sein in unserem Sinne begann vor etwa 100 000 Jahren ganz offensichtlich mit dem Nachdenken darüber, was nach Überschreiten der Schwelle des Todes in einem wie auch immer vorgestellten »Jenseits« folge.

Menschen waren beseelt von der Sehnsucht, nach dem irdischen Tod in anderen Zuständen weiterleben zu dürfen, in eine Wirklichkeit zu treten, die allseits beständig und göttlich war, wo der Nicht-Tod die Oberhand behielt, eine Wirklichkeit, wo die Zeit, die lebenslang altern lässt, keine Macht mehr hatte.

So gewann bei nahezu allen Kulturen der Welt die Auffassung Gültigkeit, dass der Tod kein Ende war, sondern ein Durchgang. Und es geschah alsbald, dass man drei Ebenen sah, eine Unterwelt (oft dun-

kel), die Mittelwelt der Menschen und eine Oberwelt, die als »Himmel« zu einem Paradies erwünschten Lebens wurde. Die Kraft des Unsterblichen im Menschen sollte ihm über die Todesgrenze hinaus neues Leben garantieren. Das »himmlische« Jenseits aber wurde als ein Bereich gesehen, in dem es weder Streit noch Leid, nicht Hunger, nicht Krankheit, nicht Alter noch Tod gab. Der Philosoph Ernst Bloch sagte es so: »Als Inventar ihrer Träume setzten die Menschen gewisse malerische Wunschlandschaften als utopischen Anti-Tod.«

Malerische Wunschlandschaften: Ja, die Menschen malten, einem Urtrieb folgend, phantasievoll solche Jenseitslandschaften aus bis hin zu üppig schwelgerischen Paradiesen. Vielerorts waren solche Jenseitsbilder geprägt durch die diesseitige Erfahrungswelt. So setzte sich z. B. im Alten Ägypten das Diesseits fort im Bild des Bauern, der auch jenseitig sein Binsenfeld pflügt. In vielen ethnischen Kulturen waren es die heimatlichen Wohnstätten, die die Toten im anderen Leben wiederfanden, seien es die Tipis der Indianer oder die Jurten der Sibirier.

Überaus reich ausgemalt sind die Jenseitswelten bei den Muslimen, bei den Hindus, vor allem aber im Großen Westlichen Paradies des Mahayana-Buddhismus (Sukhāvatī).

Der alte Iran kannte in der Vorstellung Zarathustras ein »Paradies«, wo der Seele das eigene gute Bekenntnis als ihr Daena in der Gestalt eines schönen jungen Mädchens entgegenkam. Blütengleich schimmernde jungfräuliche Wesen (Huri) erwarten im Paradies der Muslime gleichaltrige selige Männer. Unsagbar ewige Wohltaten, Frieden und ungetrübtes Glück schenkt diese Jenseitswelt.

In Griechenland lehrten Platon und seine Nachfolger die Befreiung der unsterblich-göttlichen Seele aus dem Kerker des Leibes. An einen »überhimmlischen« Ort gelangte diese Seele, in ein Land, so göttlich und voller Erkenntnis, dass kein Dichter auf Erden es zu preisen vermochte. Für den römischen Philosophen Cicero hinwiederum fanden sich die Seelen an einem Sternenort in einem astronomischen Himmel ein.

Jüdischer Glaube kennt u. a. die Vorstellung von einem Himmel als »Schoß Abrahams«: »Da starb der Arme und wurde von den Engeln in den Schoß Abrahams getragen«, umschreibt der Jude Jesus (Lukas 16,22) diese Seligkeit und Geborgenheit bei Gott. Christen wählen für ihr Jenseits auch das Bild von der himmlisch-hochgebauten Stadt Jerusalem – so in der Apokalypse des Johannes. Sie kennen aber ebenso mit Paul Gerhardt das Jenseits als Ort der ewigen Wonne, »da ich stets, freudevoll, gleich wie die helle Sonne mit andern leuchten soll« (EG 529,11). Doch gibt es im Christentum auch den Verzicht auf jegliches Ausmalen. Martin Luther z. B. benötigte keine Jenseitsvorstellung. Für ihn genügte es, »mit Christus bei Gott volles Genüge zu haben«.

Unterwelt und Hölle

In vielen Kulturen hat die lichterfüllte Oberwelt das Gegenüber einer dunklen Unterwelt, in der solche, die im Diesseits gefrevelt haben, verzweifelt und entsetzt Qualen erdulden müssen. Das kann Endgültigkeits-, Ewigkeitscharakter haben. So in Mesopotamien, wo man diese Unterwelt als einen Ort des Grauens, nur zum Weinen, sah. So im Hades des Homer, in dem die Toten als Luftgebilde auf ewig verloren waren. So in der feurigen Strafhölle der Muslime. So auch in der in vielen mittelalterlichen Bildern grässlich ausgemalten Hölle der Christen mit ihren Qualen, aus der es kein Zurück, kein Entrinnen gab. Diese Hölle geht zurück auf die spätjüdische Gehenna (Ort, wo die Sünder im Feuer gefoltert wurden). Wenn auch das Neue Testament auf eine spekulative Ausmalung von Höllenstrafen verzichtet, so meint es doch ebendiese Gehenna, wenn es Matthäus 5,22 und Markus 9,43-44 von dem nicht verlöschenden Feuer und Matthäus 8,12 von der äußersten Finsternis, wo man heult und mit den Zähnen knirscht, spricht.

Nicht selten aber steht die Unterwelt, weniger dunkel, in enger Verbindung mit der Oberwelt. Im Alten Ägypten war die Unterwelt des Westens – neben einer auch für die Ägypter ausweglos finsteren »Hölle« – ein Land ewiger Ruhe, das keine Feindschaft kannte. Diese Unterwelt (Duat) war Durchgangsort zu der erstrebten Oberwelt, wo man im Millionenboot des Sonnengottes Re Platz fand. Ähnlich bei den Azteken, wo es Verbindungen zwischen jeweils mehreren Unter- und Oberwelten gab. Katholische Christen kennen – dies eine andere Form – das Fegefeuer (Purgatorium) als einen läuternden Durchgangsort zur ewigen Seligkeit.

Es gibt auch die Möglichkeit, aus einer Unterwelt freizukommen. Das gelang der griechischen Persephone, die auf Wunsch ihrer Mutter Demeter von ihrem Mann, dem Unterweltsherrscher Hades, mehrmals im Jahr freigegeben wurde, um in der Oberwelt Wachstum und Gedeihen in der Natur zu gewährleisten. Bei den Christen stieg Jesus zwischen Kreuz und Auferstehung hinab in das »Reich des Todes« (Scheol), um, so die Überlieferung, alttestamentliche Gerechte aus ewiger Gefangenschaft zu befreien. Der Buddhismus kennt Höllen, aus denen heraus Verdammte nach schrecklichen Qualen zu einem neuen Leben wiedergeboren werden.

Anderswo misslangen Befreiungsversuche. So konnte der griechische Sänger Orpheus seine geliebte Eurydike nicht aus dem Hades zurückholen. Und auch dem nordischen Gott Hermod, der auf Befehl Odins auf dem achtbeinigen Pferd Sleipnir in die Unterwelt Hel ritt, um den liebenswürdigen Baldr, den Freund aller Wesen, der vom blinden Hödur ahnungslos getötet worden war, aus dem Schattenreich zu befreien, war kein Erfolg beschieden. Den Versuch, in eine Unterwelt einzudringen, unternahmen Lebende immer wieder: Dante durchwanderte auf seiner visionären Jenseitsreise mit dem Dichter Vergil die Hölle, das Inferno. Als der polynesische Heros Maui allerdings den Versuch unternahm, in die Unterwelt eindringend, die finstere Todesgöttin Hine-nui-te-po zu töten, um den Menschen Unsterblichkeit zu schenken, musste er das mit dem Leben bezahlen.

Die Erlösung im Verlöschen

Indes, es gibt auch eine Befreiung vom Irdischen, die weder mit einer Ober- noch mit einer Unterwelt zu tun hat. Hindus und Buddhisten haben vom »Jenseits« ein anderes Bild. Hier ist der Tod nicht Schwelle zu einer neuen Existenz, vielmehr ist er Zwischenstation auf dem unendlich langen »Kreislauf der Wiedergeburten« (»Samsara«). Nur wer in seinem Leben (nach einer Folge von Wiedergeburten) letztlich ein günstiges »Karma« (Sanskrit: »Tat«, »Werk«) gewonnen hat, vermag jede Art von Existenz abzustreifen, um in der ursprünglichen Schöpfer-Seele, dem Brahman, »Befreiung« (»Mokscha«) zu finden – so die Hindus. Die Buddhisten sprechen von der Erlösung als endgültiges Verlöschen, als Eintritt ins Nirvana.

Erlösung erwarten diese Religionen also dort, wo jegliche Individualität aufgehoben ist, nicht aber in einem ewigen Leben bei einem Gott oder Göttern.

Für Hindus sind »Himmel« und »Hölle« nicht mehr und nicht weniger als innerweltliche Daseinsbereiche. Und es ist ihnen ein Zeichen religiöser Reife, diese als vorläufig zu erkennen. Wer die Hoffnung auf Ewigkeit loslassen kann, gilt den Hindus als »Heiliger« (»Arhat«), den Buddhisten als »Bodhisattva«, als einer, der des Erwachens (»bodhi«) teilhaftig geworden ist, als »Erleuchtungswesen« auf dem Weg zur Buddhaschaft, der aber auf das Nirvana verzichtet, um den Menschen in all ihren Wiedergeburten beistehen zu können.

»Erlösung«, so der Gautama Buddha, »gleicht dem Verlöschen einer Flamme, die nicht mehr zu einer Wiedergeburt entzündet werden kann.«

Das Jenseits in Verbindung mit dem Diesseits

Für manche ethnische Religion (in Sibirien, Nordamerika und anderswo) ist der »Ort der Seelen«, das »Land der Ahnen«, nicht getrennt von dieser Erde. Indianische Mythen erzählen von Totendörfern, zu denen die Seelen auf Pfaden gelangen, die sich von denen aus ihrer Lebenswelt nur geringfügig unterscheiden. Für viele Sioux liegt das Reich der Seelen »weit im Norden, hinter den Föhren«. Der Sioux-Schamane Arthur Amiotte sagt: »Alle unsere Traditionen und Mythen drehen sich um *diese* Welt. Unsere Überlieferungen verbinden die sichtbare mit der unsichtbaren (spirituellen) Welt. Aber es ist *eine* Welt. Unser Leben auf dieser Erde ist ebenso wie der Tod ein Teil des Ganzen, des ›Heiligen‹.«

Und der Häuptling Seattle vom Stamm der Duwamish drückte den Unterschied zum christlichen Jenseitsglauben wie folgt aus: »Eure Toten lieben euch nicht mehr und auch nicht das Land ihrer Geburt, wenn sie das Grab verlassen und hinter den Sternen wandeln. Sie sind schnell vergessen und kommen nie mehr zurück. Unsere Toten vergessen die herrliche Welt nicht, die ihnen das Leben gab.«

So leben die Seelen der Ahnen weiter, jenseits menschlicher Wahrnehmung, aber nicht jenseits dieser Welt. Im Ritus und im Traum lassen sie sich erreichen, und sie können helfend, ratend, mitunter bestimmend in das Leben eingreifen. Bei einigen Völkern Westafrikas werden die Ahnen gefragt, welchen Namen das neugeborene Kind erhalten soll. Sibirische Schamanen kommunizieren in Trance mit den

Verstorbenen. In Indonesien geben die Ahnen ihren Segen zum Gedeihen der Reisfelder. Und wenn nordamerikanische Indianer auf die Suche nach einer Vision gehen, so mag es einer der Vorfahren sein, der ihnen für ihr Leben eine Aufgabe zeigt und ihnen auch die Kraft zu ihrer Ausführung gibt. »Die Toten sind nicht machtlos«, sagte Häuptling Seattle, »es gibt keinen endgültigen Tod, nur einen Wechsel der Welten.«

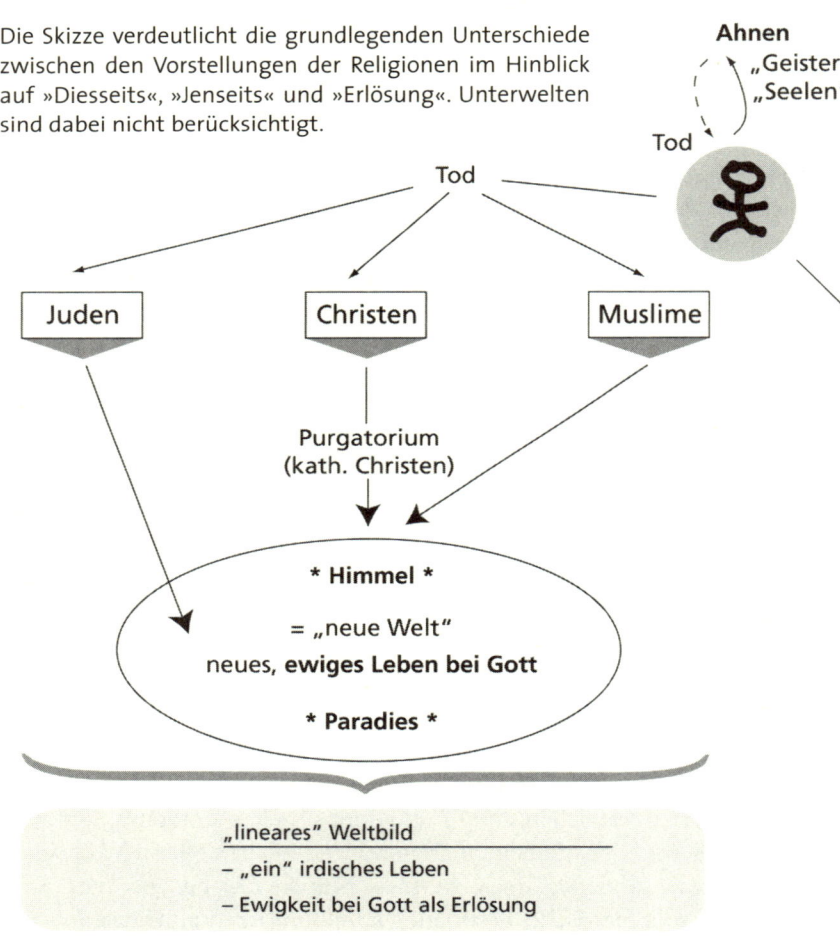

Die Skizze verdeutlicht die grundlegenden Unterschiede zwischen den Vorstellungen der Religionen im Hinblick auf »Diesseits«, »Jenseits« und »Erlösung«. Unterwelten sind dabei nicht berücksichtigt.

Die Jenseits-Reise

»Wir können uns keine Zeit vorstellen, in der der Mensch nicht Träume und Wachträume gehabt hätte, in der er nicht in ›Trance‹ gefallen wäre, in einen Zustand der Bewusstlosigkeit, der als Reise ins Jenseits gedeutet wurde« (Mircea Eliade). Der Christ Paulus erzählt in 2 Korinther 12,1-5 authentisch von einem solchen Zustand: »Ich kenne

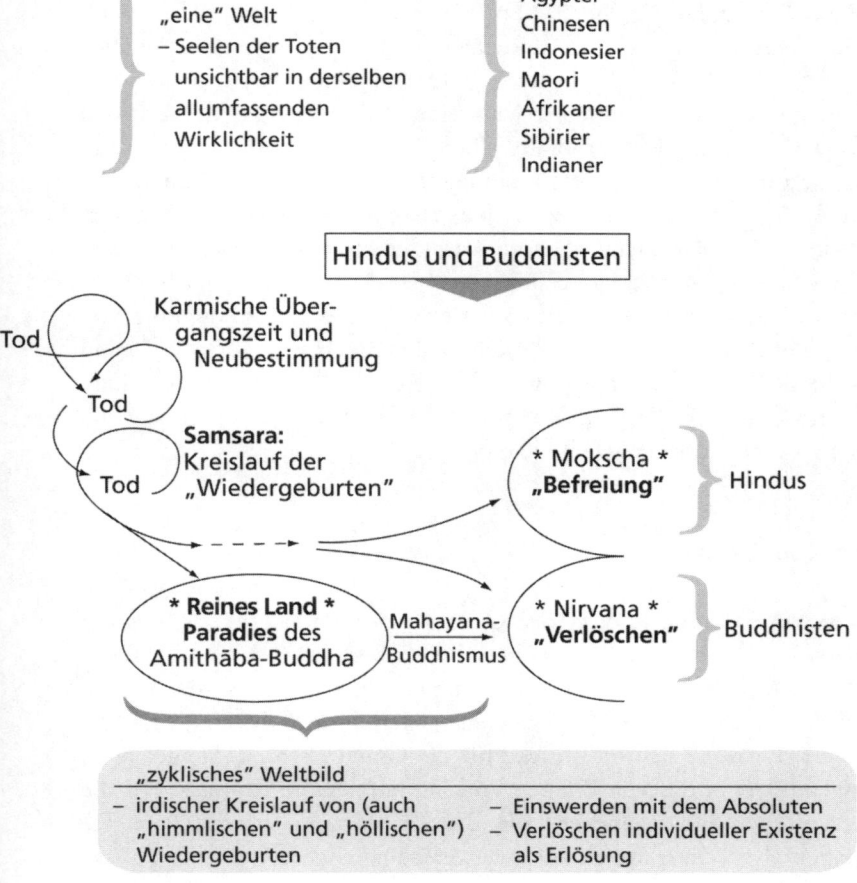

einen Menschen (er meint sich selbst), der wurde eines Tages in Gottes Welt hinaufgerissen, so, dass er sich plötzlich im Himmel befand, im Paradies, in seiner (Gottes) Nähe. Unaussprechliche Worte hörte er dort, die kein Mensch nachsprechen kann. Ob man sagen soll, er sei als ganzer leiblicher Mensch dort gewesen, oder er habe seinen Leib zurückgelassen, weiß ich nicht. Gott allein weiß es.«

Ebenso bleibt in Mohammeds berühmter Himmelsreise durch sieben Himmel, die, wenn auch mit geringem Anhalt im Koran, in der islamischen Überlieferung eine große Rolle spielt, offen, ob es sich um einen Traum, eine mystische Vision oder um eine körperliche Entrückung handelte.

In einer Himmelsreise schaut auch der alttestamentliche Patriarch Henoch die zukünftige Welt. Von Jesaja wird im 2. Jahrhundert n. Chr. eine ekstatische Himmelsreise erzählt, in der er, nach einem Aufstieg durch sechs Himmel, im siebten Himmel zu einem Engel verwandelt, Gott zu schauen vermochte. Von einer Himmelsreise der erlösten Seele weiß auch der berühmte Hindu-Lehrer Ramanuja im 12. Jahrhundert n. Chr. Viele andere Himmelsreisen kennen die Kulturen. Die großartigste Schilderung einer Jenseitsreise verdanken wir jedoch Dante. Seine »Göttliche Komödie« ist der Höhepunkt der abendländischen Jenseitsdichtung. Geleitet von Beatrice, seiner Jugendgeliebten, durchwandert Dante neun Sphären des Himmels, in dem die Seligen, jeweils ihrem irdischen Verdienst entsprechend, leben, um dann in die Lichtwelt des Empyreums einzutreten, einen Raum ohne Raum, Gottes Ort in der Höhe, Gott selbst. Hier bildet die blühende Himmelsrose eine unermessliche Kuppel.

Das End-Gericht

In vielen Kulturen kommt der Gedanke des End-Gerichtes, das die Menschen nach ihrem Tod zu bestehen haben, ins Spiel.

Im Glauben des alten Iran überqueren Gute und Böse die Cinvat-Brücke. Nach einer vorausgegangenen Gerichtsentscheidung (Seelenwägung) erweist sich die Brücke für die Guten als breit. Sie gelangen ungehindert in das von Blumen und Düften erfüllte Paradies. Für die verworfenen Bösen aber ist die Brücke plötzlich messerscharf. Sie stürzen ab in einer tiefen, auf ewig verschlingenden Abgrund.

Der Buddhismus kennt die Unterwelt Naraka, über die Yama, der Richter der Toten, herrscht. Je nach Art ihrer Vergehen erleiden die Frevler unterschiedliche Qualen in kalten und heißen Höllen, und zwar so lange, bis sie in eine neue Existenzweise wiedergeboren werden.

Bei den Juden steht Gott Jahwe richtend auf der Seite der Guten und Gerechten. So bleibt der von ihm für gerecht befundene Noach vor der alles vertilgenden Sintflut bewahrt. Um eine Schrecken erregende Endzeit weiß die apokalyptische Vision Daniels vom Weltgericht Gottes, in dem ein entartetes viertes Weltreich von der himmlischen Gerichtsbarkeit vernichtet wird (Daniel 7,23-27).

Das Christentum kennt das mit der Auferstehung der Toten verbundene Endgericht, das von Sünde freispricht oder die Sünder verurteilt: »Wir müssen alle vor Christus erscheinen, wenn er Gericht hält«, heißt es 2 Korinther 5,10. Und Matthäus entwirft im 25. Kapitel seines Evangeliums ein Gerichtsszenario, das in der europäischen Bildkultur – man denke nur an Michelangelos grandioses Weltgericht in der Sixtinischen Kapelle – unzählige Male dargestellt wurde: »Wenn der Herr in seiner Macht kommen wird, dann sitzt er, begleitet von Engeln, auf dem Thron der Herrlichkeit. Alle Völker werden vor ihm versammelt sein. Und er wird sie voneinander trennen. Denen zur Rechten gibt er das Reich seines Vaters, einen neuen Himmel und eine neue Erde, wo weder Angst noch Schmerz noch Tod herrschen. Denen zur Linken aber sagt er: ›Hinweg von mir, ihr Verfluchten! Ins unendliche Feuer mit euch!‹« (Matthäus 25,41).

Auch bei den Muslimen beginnt das Weltenende mit der Auferstehung der Toten am Tag des Gerichtes. Allah wird aufgrund ihrer in Büchern aufgezeichneten guten und bösen Taten über die Menschen urteilen, indem er diese Taten auf einer Waage abwägt. Danach müssen alle Gewogenen die über das Feuer der Hölle führende Brücke al-Sirat, die feiner als ein Haar und schärfer als ein Schwert ist, überqueren. Dabei gelangen die Guten in den ›Garten‹ (›Djanna‹) des Paradieses, die Bösen aber stürzen auf ewig hinab in ein glühendes erbarmungsloses Feuer der ›Hölle‹ (›Gehenna‹). Anklänge an iranische wie an christliche Vorstellungen sind hier unverkennbar.

Zum Wägen der Seele, das viele Religionen – nicht zuletzt ostasiatische Buddhisten in Tibet und Japan – kennen, sagt der Ethnologe Mircea Eliade: »Die Vorstellung von einer vollkommenen kosmischen

Gerechtigkeit, die den Menschen, auch wenn ihn kein irdischer Richter erreichte, bestraft, gewinnt ihren deutlichsten Ausdruck im Bild der Seelenwaage.« Christen kennen dieses Bild aus vielen mittelalterlichen Bildtafeln und Skulpturen (oft über Kirchenportalen): Der Erzengel Michael wägt die Seele des Verstorbenen, wobei häufig Teufel das Ergebnis zu ihren Gunsten zu verändern suchen.

Das eindringlichste Seelenwägen aber findet sich im Alten Ägypten, wo Osiris, der Gerichtsherr der Unterwelt, durch den schakalköpfigen Gott Anubis die Wägung des menschlichen Herzens – auf der Gegenschale liegt als Symbol für Wahrheit, Gerechtigkeit und Ordnung die leichte Feder der Göttin Maat – vornehmen lässt. Wenn das Herz, auf Frevel im Diesseits beruhend, sich als zu schwer erweist, wird es von einem krokodilköpfigen Monstrum als Personifikation des zweiten Todes verschlungen. Andernfalls ist das »Ba«, die Seele des Verstorbenen, für eine himmlische Existenz gerettet.

Lebensutopien gegen den Tod

Paradies (ein Lehnwort aus dem Altpersischen, dort noch unreligiös »umzäunter Raum«, Park, Garten) – welch ein Zauberwort, das die Phantasie beflügelt, das Sehnsüchte weckt und Hoffnungen freisetzt.

Wir tun gut daran, zu unterscheiden zwischen einem Urzeitparadies, wie es in Genesis 2/3 sich abbildet, einem Diesseitsparadies und einem Jenseitsparadies als endzeitlicher Stätte von Ruhe, Frieden und ewigem Glück.

Auf ein Jenseitsparadies hofften Menschen, so lange sie denken können. Ein Gegenwartsparadies erträumten und erträumen sie sich immer wieder, eine Wunschlandschaft, da Gerechtigkeit herrscht, Friede und Güte unter den Menschen, da Gärten gedeihen in trockenem Land. Die Siedler, die im 19. Jahrhundert in Amerika nach Westen zogen, sahen vor ihren Augen blühende Landschaften von großer Schönheit. Die osteuropäischen Juden des 18. Jahrhunderts, die Chassidim, holten sich den Himmel auf die Erde, in ihre Alltagswelt, dorthin, wo ein jeder gerade tätig war.

Ein Paradies nach Verhältnissen des Diesseits konnte allerdings auch zu Fehlformen geraten. So ließ das irdische Paradies, das kommunistische Ideologen des 20. Jahrhunderts propagierten, einen leeren, toten Himmel zurück.

Ganz anders das Diesseitsparadies in der Botschaft Jesu. Wenn er sagte »Das Reich Gottes ist mitten unter euch«, dann war die Verbindung mit einem jenseitig erfüllten »Himmel« Gottes geradezu konstitutiv.

Diesseits und Jenseits, so zeigt sich, können aufs innigste miteinander verbunden sein. Meine Seele (mein Geist, »spirit«) ist Gott in einem transzendenten Bereich ebenso nahe wie in der Immanenz. Die ethnischen Religionen wissen davon, wenn sie sagen: »Ich bin in Vergangenheit, Gegenwart, wie auch in einer Zukunft nach dem Tode meinen Ahnen, meinen Göttern unablässig nahe. Da ist kein Unterschied zwischen einem Oben und Unten, zwischen einem Jenseits und einem Diesseits. Wie der »Himmel« dort, so auch der »Himmel« hier. Es ist *eine* Welt. Die Seelen der Toten befinden sich (unsichtbar) in der einen umfassenden Wirklichkeit.« Auch Christen vermögen so ein Jenseits als Tiefendimension des Diesseits zu sehen.

»Die Jenseitsvorstellungen der Menschen werden immer Traumbilder bleiben«, sagt der nüchterne Verstand. »Es sind Utopien, Realutopien«, sagt die Hoffnung. »Ich bin gewiss, dass weder der Tod noch eine andere Macht mich von der Liebe der Gottheit trennen kann«, sagt nicht nur der christliche Glaube. Menschen ahnen schon im Diesseits, dass es eine Teilhabe am Unvergänglichen gibt, eine Schau Gottes. Paulus: »Jetzt sehe ich alles gespiegelt. Dann aber werde ich endgültig sehen.« Religionen pflegen solche Ahnung vom Unvergänglichen.

Und wenn ich diese Welt verlasse? – Diese Frage hat in den beginnenden Kulturen die Religionen gezeugt. Der christliche Kirchenvater Ephraem der Syrer (306–373) sagt: »Vom Mutterschoß bis zum Grabe verläuft dein Lebensstrom. Leite ihn hin zu Gott. Wenn er hier versiegt, wird er dort ein Meer sein.« – »Ich dürste nach Gott, nach dem wahren lebendigen Gott«, heißt es in Psalm 42,3: »Wann darf ich zu ihm kommen? Wann darf ich ihn schauen?« Und in 1 Petrus 1,5 ist zu lesen: »Leben wartet auf euch. Es wird sichtbar werden in der letzten Zeit der Welt, wenn der Vorhang sich öffnet.«

Entscheidend ist: Eine andere Zeitdimension gewinnt Gültigkeit. Sie heißt Ewigkeit. Ewigkeit hat kein Ende. Ihr Zielpunkt liegt im Unendlichen. Jenseits des Todes bin ich zugleich in der Ewigkeit wie in der allumfassenden Liebe der Gottheit. Angelus Silesius weiß es: »Ich selbst bin Ewigkeit, wenn ich die Welt verlasse und mich in Gott und Gott in mich zusammenfasse.«

Das ist offen, dennoch konkret. Das ist eine Lebensutopie gegen die stärkste »Nicht-Utopie« (Ernst Bloch), den Tod. Die allumfassende Liebe, stark wie der Tod, vermag den Tod zu überwinden.

Jenseitsmythen – Völkermythen: »Eigentlich haben die Völker nie daran gezweifelt, dass ihre Mythen, die sie mit ihren (in den Nebeln der Zeit) verborgenen Ursprüngen begleiten, Wegweiser zur großen Wahrheit sind« (Mircea Eliade).

Unterwelt im Zweistromland –
Aus dem Gilgamesch-Epos

Das Zweistromland kennt in den Jenseitsmythen der Assyrer und Babylonier keine Oberwelt, nur eine wirre, finstere Unterwelt.
Ein früher Text findet sich im Gilgamesch-Epos, der bedeutendsten Dichtung der Babylonier (um 650 v. Chr.; sumerische Urformen bereits um 2500 v. Chr.), dem ersten Großepos der Weltliteratur.
Gilgamesch will unbedingt das ewige Leben finden. Von seinem Vorfahren Utnapischtim, der, als einziger unsterblich geworden, aus der Unterwelt zurückkehrte, hört er, für die Unsterblichkeit müsse man sich die Pflanze »Niemals altern« vom Meeresgrund holen. Gilgamesch findet diese Pflanze. Doch eine Schlange frisst sie.
Der archaische Text, ein Zwiegespräch zwischen Gilgamesch und Utnapischtim, zeigt die Unterwelt als einen Ort des Grauens, wo staubbedeckte Leiber vom Gewürm zerfressen werden, wo lediglich den in der Schlacht gefallenen Kriegern (wie bei Nordgermanen und Azteken) ein besseres Los beschieden ist. Wer aber unbestattet blieb, ist verdammt, sich auf ewig von Straßenabfällen zu ernähren. Wie Utnapischtim ihm schon ankündigte, kann Gilgamesch über derart trostlose Zustände nur weinen.

»Sag' an, mein Freund, sag' an, mein Freund,
die Ordnung der Unterwelt, die du schautest, sag' an!«

»Ich will es dir nicht sagen, mein Freund, ich will es dir nicht sagen,
Wenn ich die Ordnung der Unterwelt, die ich schaute, dir sagte,
müsstest du dich den ganzen Tag hinsetzen und weinen!
Siehe, den Leib, den du anfasst, dass dein Herz sich freut,
den frisst das Gewürm, wie ein altes Kleid!
Der Leib, den du anfasst, dass dein Herz sich freut,
er ist dahingeschwunden, ist voll von Staub!
Im Staub ist er niedergekauert.«

»Wer den Tod des Eisens starb, sahst du einen solchen?«
»Ja, ich sah: Auf einem Ruhebett ruht er.
Reines Wasser trinkt er.«

»Wer in der Schlacht getötet, sahst du einen solchen?«
»Ja, ich sah: Sein Vater und seine Mutter halten sein Haupt
und sein Weib ist über ihn gebeugt.«

»Dessen Leichnam aufs Feld geworfen ist,
sahst du einen solchen?«
»Ja, ich sah: Sein Totengeist ruht nicht in der Erde.«
»Dessen Totengeist einen Pfleger nicht hat,
sahst du einen solchen?«
»Ja, ich sah: Im Topf Gebliebenes,
auf die Straße geworfene Bissen muss er essen.«
»So will ich mich den ganzen Tag hinsetzen und weinen.«
Aus der 12. Tafel des Gilgamesch-Epos

Der Aufstieg des Pharao in den Himmel

Aus den Pyramidentexten der ägyptischen Frühzeit (Altes Reich ab Mitte des 3. Jahrtausends v. Chr.) geht hervor, dass die Pharaonen (und zwar nur diese) nach ihrem Tode gleich Vögeln aus ihrem Pyramidengrab in die Himmelswelt aufstiegen. Dort vereinigten sie sich mit der Sonne, d. h. mit Re-Atum. Glücklich und ewig in jener Welt, blieben sie Beherrscher aller Verstorbenen.
Die 1881 entdeckten Pyramidentexte – magische Totensprüche – sind die ältesten Auferstehungstexte der Welt. Sie wurden bei der Bestattung des Pharao, bei der Einführung seines Sarkophages in die Pyramide, rituell verlesen.

>Wer fliegt, der fliegt.
>Dieser König fliegt hinweg von euch, ihr Sterblichen.
>Er gehört nicht zur Erde; er gehört zum Himmel.
>Dieser König fliegt wie ein Reiher zum Himmel.
>Er küsst den Himmel wie ein Falke.
>
>Der König ist auf dem Weg zum Himmel.
>Nicht wird er am Zutritt gehindert.
>Eine Treppe zum Himmel ist ihm gerichtet,
>damit er aufsteigen kann.
>
>Der König steigt hinauf auf der Leiter,
>die sein Vater Re für ihn gemacht hat.

Ägypten

O, Re-Atum, dieser Gott, kommt zu dir,
ruhmreich und unvergänglich.
Der König ist ein Herr im Himmel.
Er stirbt nicht.
Er geht nicht zugrunde.
Ihm ist ein Thron gegeben.
Er herrscht über die Verstorbenen.
Auszug aus einem Sargkammertext des Alten Reiches (um 2263 v. Chr.)

Ein Lied zum Preis des Westlandes

In späteren Dynastien gab es auch für das Volk der Ägypter Unsterblichkeit. Sargtexte (Totenbücher) aus dem Neuen Reich (1550 bis etwa um 1000 v. Chr.) geben Zeugnis davon. In ihnen entfaltet sich eine reiche Jenseitswelt als gute Unterwelt (Duat).
Es ist das Westland, das sich die Ägypter nach ihrem Tode erhoffen. In dieses Land der Ruhe ziehen die Toten, Generation um Generation, Million um Million. Im Westland wird ein jeder mit Heilsrufen begrüßt.
Das Lied wurde wohl bei einem Gastmahl von einem Sänger zur Harfe vorgetragen. Dabei reichte man oft ein kleines Mumienbild herum, um die Tafelnden beim Anblick des Todes zum Genuss des Lebens aufzufordern.

Ich habe jene Lieder vernommen, die in den alten Gräbern stehen, und was sie verkünden von der Herrlichkeit auf Erden und von der Verwünschung des Totenreichs. Aber warum geschieht es, dass man so mit dem Lande der Ewigkeit verfährt, das doch gerecht ist und keinerlei Schreckliches enthält? Sein Abscheu ist der Zank, und niemand greift dort seinen Nächsten an – dieses Land kennt keinen Feind! Alle unsere Angehörigen ruhen in ihm seit der ersten Urzeit; und die Generationen, die entstehen, werden zu Million und Million, sie ziehen insgesamt dorthin. Es gibt keine Verzögerung für den, der aus Ägypten zu ihm kommt; keinen einzigen gibt es, der nicht zu ihm gelangte. Die Lebenszeit dessen, was auf der Erde existiert, ist nur das Ereignis eines Traumes; aber wenn jemand das Westland erreicht, so sagt man: »Willkommen, heil und gesund!«
Sargtext der 18. Dynastie (um 1500 v. Chr.)

Die Verstorbenen Khai und Merit, die das Gericht in der Unterweltshalle der Wahrheit bestanden haben, huldigen, ehe sie in die Seligen Gefilde, das Jenseitsland Earu, eingehen, vor einem Opfergabentisch mit erhobenen Händen dem Osiris, Gottkönig und Herrscher der Unterwelt, der wie ein Pharao auf seinem Thron residiert.
Detail eines Totenbuches aus dem Grab von Khai und Merit, West-Theben, späte 18. Dynastie. Ägyptisches Museum, Turin.

Anbetung des Totengottes Osiris

Osiris (Unnofre), von seinem Bruder Seth ermordet, von seiner Schwestergemahlin Isis wiederbelebt, wurde zum Totengott und Herrn der Unterwelt. Von ihm erbaten die gerechtgesprochenen Seligen Opferbrot und die Erlaubnis, die Unterwelt je nach Belieben besuchen oder verlassen zu können.
Die große Neunheit waren die neun höchsten ägyptischen Götter und Göttinnen: Von Atum kamen Schu und Tefnet. Diese waren die Eltern des Geschwister- und Ehepaares Geb und Nut. Nut hinwiederum war Mutter von Isis, Osiris, Seth und Nephthys.
Abydos war ein Tempel des Osiris, Rosetaw der Tempel des Osiris bei Memphis.

Anbetung des Osiris, des Herrn von Rosetaw, und der großen Neunheit, gesprochen von einem Menschen:
»Heil dir, Erster des Westens, Unnofre, Bewohner von Abydos! Ich komme zu dir, indem mein Herz das Recht trägt; keine Sünde ist in meinem Leibe, ich spreche wissentlich keine Lüge und tue nichts zum zweiten Mal. Gib mir das Brot, das auf dem Opfertisch des Herren der Gerechtigkeit geliefert wird; und lass mich ein- und ausgehen in der Unterwelt, ohne dass meine Seele zurückgehalten wird, und die Sonne schauen und den Mond erblicken in Ewigkeit.«
Ägyptischer Sargtext

Fortleben nach Art irdischer Verhältnisse

Die Vorstellung war, dass die unsterbliche Seele des Toten (sein Ba) die Gestalt eines Vogels annahm, danach aber in einen neuen Leib, der dem ursprünglichen glich, zurückverwandelt wurde.
Dieser Ba-Leib konnte im Jenseitsland des Westens mit allen anderen Bas, die dort lebten, kommunizieren; er konnte überall hingelangen, sich alle Wünsche erfüllen. Er war – anders als die Seele der Griechen – auch auf Nahrung angewiesen.

Du wirst ein- und ausgehen, dein Herz erfreuend, in der Gunst des Herrn der Götter, da dir ein gutes Begräbnis zuteil wurde nach einer verehrungswürdigen Lebenszeit, als das Alter gekommen war, du deinen Platz im Sarg einnahmst und dich zum Hügel im Westen geselltest.

Du wirst dich in einen lebenden Ba verwandeln, und sicher wird er Macht haben, Brot und Wasser und Luft zu erlangen; und du wirst die Gestalt eines Reihers oder einer Schwalbe, eines Falken oder einer Rohrdommel annehmen, was immer du wünschest.

Du wirst auf der Fähre kreuzen und nicht umkehren lassen, du wirst auf den Überschwemmungswassern segeln, und dein Leben wird von neuem beginnen. Dein Ba wird nicht von deinem Körper weichen, und dein Ba wird ein Gott werden mit den seligen Toten. Die vollendeten Bas werden zu dir sprechen, und du wirst mit ihnen empfangen, was es auf Erden gibt. Du wirst Macht haben über das Wasser, wirst die Luft einatmen und dich mit den Wünschen deines Herzens überfüllen. Deine Augen werden dir zum Sehen, deine Ohren zum Hören, dein Mund zum Sprechen und deine Füße zum Schreiten gegeben werden. Deine Arme und deine Schultern werden sich für dich bewegen, dein Fleisch wird fest sein, deine Muskeln geschmeidig, und du wirst frohlocken in allen deinen Gliedern. Du wirst deinen Körper prüfen und ihn heil und gesund finden, und kein Übel wird dir anhaften. Dein eigenes Herz wird mit dir sein, wahrlich, du wirst dein früheres Herz haben.

Sargtext aus dem Neuen Reich

Die unzerstörbare Seele des Ani, sein Ba, besucht in der Gestalt eines Vogels mit Menschenkopf dessen aufgebahrte Mumie. Der Tote, sein Ka – gleichsam sein feinstoffliches Ebenbild – lebt in ihm weiter, wird dann im Jenseits seine ursprüngliche Gestalt wieder erhalten.
Papyrus Ani, 1420 v. Chr., British Museum, London.

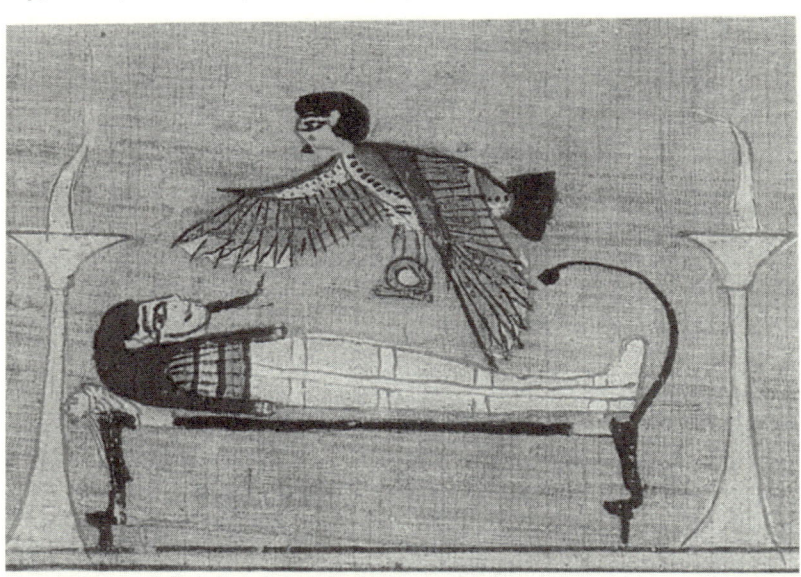

Ägypten

Sennefer, zu seinen Lebzeiten Wächter der königlichen Gärten Thutmosis' III., sitzt in seinem zurückgewonnenen Leib im Jenseits vor einem Tisch mit Opfergaben. Unter ihm eine ihm dienstbare Frau. Hinter ihm der ägyptische Himmelsbaum, dessen Früchte Unsterblichkeit verleihen.
Wandmalerei aus dem Grab Sennefers, West-Theben, 18. Dynastie.

Wünsche für das Jenseits

In einer »Totenliturgie« des Wünschens (»Mögest du ...«) sind hier die ägyptischen Jenseitsvorstellungen gewissermaßen noch einmal zusammengefasst. Der Text – seine einfache Sprache überrascht – findet sich auf einer Grabstele. Besucher des Grabes (nicht Priester) lasen ihn als Opfergebet laut ab und ließen ihn so für den verklärten Verstorbenen heilswirksam werden. Totensprüche solch grundsätzlicher und umfassender Art finden sich erst in der Zeit des Neuen Reiches.

Mögest du eintreten und mögest du herauskommen weiten Herzens
in der Gunst des Herrn der Götter!

Ein schönes Begräbnis nach dem Alter,
Jenseitsversorgtheit, wenn das Greisenalter gekommen ist.

Mögest du deinen Platz im »Herrn des Lebens« (dem Sarg) einnehmen und im Felsgrab des Westens begraben werden.

Mögest du werden zu einem lebenden Ba,
so dass du Verfügung gewinnest über Brote, Wasser und Luft.

Mögest du dich verwandeln in einen Phoenix und eine Schwalbe
sowie nach deinem Wunsch in einen Falken und einen Reiher.

Mögest du in der Barke übersetzen, ohne gehindert zu werden.
Mögest du die Flut des (offenen) Meeres und die Binnengewässer
befahren.

Möge sich ereignen, dass du von neuem lebst.
Nicht soll sich dein Ba von deinem Leichnam abwenden.

Göttlich sei dein Ba zusammen mit den Verklärten.
Die vortrefflichen (früheren) Bas sollen mit dir reden.

Mögest du über Wasser verfügen, und mögest du die Winde
einatmen.
Mögest du Überfluss haben an den Bedürfnissen deines Herzens.

Man wird dir deine Augen geben, um zu sehen,
deine Ohren, um das zu hören, was gesprochen wird,
deinen Mund, indem er spricht,
und deine Beine, indem sie laufen.
Deine Hände und Arme sollen dir dienen.

Dein Fleisch sei fest, und deine Gefäße seien wohlauf.
Mögest du dich an all deinen Gliedern erfreuen!

Mögest du deine Glieder prüfen, indem sie vollständig und
unversehrt sind.
Es soll durchaus nichts Schlechtes geben an dir.

Mögest du zum Himmel aufsteigen und mögest du die Unterwelt
öffnen in allen Verwandlungen, die du gewünscht hast.

Mögest du die Opferbrote empfangen, die (dem Gott) vorgelegen
haben, und die Darbringungen des Herrn-des-Heiligen-Landes.

Du sollst aufsteigen und hinabsteigen, ohne zurückgehalten zu werden,
ohne abgewiesen zu werden am Tor der Unterwelt.

Man wird dir die beiden Türflügel des Horizontes öffnen,
und die Riegel öffnen sich dir von selbst.

Du wirst die Halle der Beiden Wahrheiten betreten, während dich
der Gott, der sich in ihr befindet, begrüßt.

Ägypten

Die alten Ägypter assoziierten den Zyklus von Tod und Wiedergeburt mit der Reise der Sonnenbarke tags über den Himmel und bei Nacht durch die zwölf gefahrvollen Regionen der Unterwelt Duat. Morgens aus dem Schoß der Nut, der Himmelsgöttin, die mit der Krümmung ihres Leibes das Himmelsgewölbe bildete, begann die Tagesfahrt der Sonnenbarke (am Morgen mit Gott Chepre, im Zenit mit Gott Re). Am Abend mit Gott Atum westlich im Mund der Nut verschwunden, zog die Sonne in der Nacht durch Nuts gestirnten Körper, um in der Frühe dann wieder geboren zu werden. Die Sonnenbarke nahm ihren Weg zum unterirdischen Urwasser Nun, um Nacht für Nacht den Kampf gegen die letztlich unbesiegbare Unterweltschlange Apophis aufzunehmen.
Unter Nuts Körper zahllose Götter, Halbgötter und ein Pharao.
Wandmalerei aus dem Grab Ramses VI., West-Theben, 20. Dynastie.

Weit sei dein Herz bei deiner Feldbestellung
auf deinem Grundstück des Binsengefildes.

Möge dein Unterhalt aus dem entstehen, was du geschaffen hast,
möge die Ernte in Fülle zu dir kommen.

Man wird für dich ein Schlepptau an der Fähre einrichten,
damit du fahren kannst, wie dein Herz begehrt.

Mögest du herauskommen jeden Morgen,
und mögest du dich zurückwenden jeden Abend.

Man wird für dich eine Fackel in der Nacht entzünden,
bis das Sonnenlicht auf deiner Brust aufgeht.

Man sagt zu dir »Willkommen, willkommen!«
in diesem deinem Haus der Lebenden.

Mögest du Re im Horizont des Himmels sehen,
und mögest du Chepre erblicken, während er aufgeht.

Mögest du schön erwachen alltäglich!
Jegliche Belastung werde von dir abgeworfen zu Boden.

Dein Herz ist bei dir, ohne dass es dich im Stich lässt.
Deine Speisen sollen andauern an ihrer Stätte ...

Grabstele des Pahevi in El-Kab,
18. Dynastie (um 1500 v. Chr.)

Hoffnung auf Seligkeit

Das ist der Kern ägyptischen Glaubens, dass der Wiedererweckte zwei ewigen Jenseitswelten – zugleich dem Himmel und der guten Unterwelt – angehören konnte. So jedenfalls stellte man es sich im späteren Neuen Reich vor. Die Seele konnte, war denn der Mensch auf Erden ein Gerechter gewesen, zum Himmel aufsteigen, wo sie einen Platz im Millionenboot des Re, das den Himmel befuhr, fand. Sie konnte gleichzeitig in der Unterwelt dem Gott Osiris (Beiname Unnofre) bis zum Binsenfeld folgen und bis zum Weizenfeld, das sie selbst bebaute und von dessen Erträgen sie in alle Ewigkeit ein sorgloses Leben zu führen vermochte. Sie konnte auch als göttlicher Falke die Unterwelt verlassen, um wieder zum Gott Re aufzusteigen. Sie konnte der (als Kuh dargestellten) Göttin Hathor, der Göttin der Frauen, bis unter himmlische Myrrhenbäume folgen.

Wenn ich selig werde, weil ich trefflich war auf Erden, so wird meine Seele göttlich, verklärt und trefflich sein. Ich werde hineingehen in die Unterwelt und herausgehen aus der Unterwelt, ohne dass ich von den Toren des Jenseits zurückgewiesen werde.

Wenn ich selig werde, weil ich den Gott verehrte, so werde ich Steuermann im Millionenboot werden, so werde ich aus einem Schiff

ins andere überwiesen werden im Gefolge des Re, wenn er den Himmel befährt.
Wenn ich selig werde, weil ich das Rechte tat, so wird meine Seele Waagemeister werden vor dem großen Gott, dem Herrn des Westens.
Wenn ich selig werde, weil ich schweigsam war, so werde ich Speisen empfangen von dem einzigen Herrn, von Osiris, so werde ich gerufen, um ein Mahl zu bekommen im Earufeld, dem Binsenfeld der Bauern.
Wenn verklärte Tote selig werden, so wird meine Seele dem Unnofre folgen, und sich in einen göttlichen Falken verwandeln, und aus der Erde emporsteigen, und die Unterwelt öffnen, um den Re zu schauen, wenn er am Neujahrsmorgen aufgeht.
Wenn verklärte Tote selig werden, so wird meine Seele der Hathor folgen, und sich in eine Schwalbe des Gotteslandes verwandeln, um sich unter den Myrrhenbäumen zu ergehen; und sich in eine lebende Seele verwandeln, um die Sonnenscheibe morgens zu sehen.
Sargtext aus dem späteren Neuen Reich

Die Herren der Höhlen

Die Ägypter des Neuen Reiches kannten neben der »guten« Unterwelt (Duat) auch eine Unterwelt, in der die »Herren der Höhlen«, in ewiger Finsternis von allen Schönheiten ausgeschlossen, als Tote rettungslos tot blieben. »Diese Totenwelt der Ägypter ist um nichts heller als in Mesopotamien, Israel und Griechenland« (J. Assmann).

Wie traurig ist das Hinabsteigen in das Land der Stille. Der Wachsame schläft, und der des Nachts nicht schlummerte, liegt still für immer. Die Spötter sagen: »Das Haus der Bewohner des Westens ist tief und dunkel. Es hat keine Tür, kein Fenster, kein Licht, um es zu erleuchten, keinen Nordwind, um das Herz zu erquicken. Die Sonne geht dort nicht auf, sondern sie liegen jeden Tag in Dunkelheit. Abgeschieden sind die im Westen, und ihr Dasein ist Elend. Man verabscheut es, zu ihnen zu gehen. Keiner kann von seinem Ergehen erzählen, sondern er ruht an einem Platz ewiglich in Finsternis.«
Totenklage aus einem Grab der Ramseszeit, 20. Dynastie

Das Elysion des Homer

In der archaischen Welt der Griechen kennt bereits Homer (um 800 v. Chr.), der Dichter der Ilias und Odyssee, für die Griechen der Dichter schlechthin, neben einer dunklen Unterwelt (Hades), in der Helden wie Achill, Patroklos oder Hektor weilen müssen, ein Gefilde der Seligen, in dem der blonde Radamanthys, Sohn des Zeus und der Europa, Bruder des kretischen Königs Minos, herrscht.
Hier, im Land Elysion, wird dem Griechenfürsten Menelaos, dem Zeus-Sohn und Mann der halbgöttlichen Helena, unter der lieblichen Brise des Ozeans das leichteste Leben bereitet. Elysion liegt nach dem Glauben der frühen Griechen am Rand der Welt im Westen, jenseits des erdumfließenden Okeanos. Argos ist eine Stadt in der Peloponnes.

Der Meergott Proteus weissagt dem heimkehrenden
Griechenfürsten Menelaos:
Dir aber ist es bestimmt, o Freund des Zeus, Menelaos,
nicht den Tod zu erleiden im rossaufnährenden Argos.
Nein, die Unsterblichen senden dich fort zu den Enden der Erde,
nach Elysion hin, ins Land Radamanthys', des Blonden.
Dort ist den Menschen fürwahr das leichteste Leben bereitet.
Denn kein Schnee, kein Regen noch Grauen des Winters befällt sie,
sondern beständig schickt der Okeanos wehenden Westwinds
liebliches Säuseln herein und erfrischt die Seele der Menschen.
Solches geschieht dir als Sohn des Zeus und Helenas Gatten.

Aus dem 4. Gesang der Odyssee

Hermes führt die Seelen der toten Freier in die Unterwelt

Eine kurze Unterweltsschilderung Homers findet sich in der Odyssee: Die Seelen der getöteten Freier der Penelope, der Gattin des Odysseus, flattern wie Fledermäuse durch dunkle, dumpfe Pfade bis hin zur grauen Asphodeloswiese, wo sie zusammen mit den griechischen Heroen Achilleus, Patroklos, Antilochos und Aias als Schattenwesen einem Tod ohne Rückkehr anheimfallen.

Aber Hermes, der Gott von Kyllene, nahte sich jetzo,
rief die Seelen der Freier und hielt in der Rechten den schönen

goldnen Herrscherstab, womit er die Augen der Menschen
zuschließt, welche er will, und wieder vom Schlummer erwecket.
Hiermit scheucht' er sie auf, und schwirrend folgten die Seelen.
So wie die Fledermäus' im Winkel der graulichen Höhle
schwirrend flattern, wenn eine des angeklammerten Schwarmes
nieder vom Felsen sinkt, und darauf alle aneinander sich hangen,
also schwirrten die Seelen und folgten im drängenden Zuge
Hermes, dem Retter in Not, durch dumpfe, schimmlichte Pfade.
Und sie gingen des Ozeans Flut, den leukadischen Felsen,
gingen das Sonnentor und das Land der Träume vorüber
und erreichten nun bald die graue Asphodeloswiese,
wo die Seelen wohnen, die Luftgebilde der Toten.
Und sie fanden die Seele des Peleiden Achilleus
und die Seele Patroklos', des tapferen Antilochos Seele
und des gewaltigen Aias, des Ersten an Wuchs und Bildung
in dem achaiischen Heer nach dem tadellosen Achilleus.

Homer, Odyssee XXVI, 1–8

Die Seligen Inseln des Hesiod

Auch Hesiod, um 700 v. Chr. in Askra, Böotien, geboren, der als erster Dichter der archaischen Zeit seinen Namen nennt, spricht von den Inseln der Seligen am Ende der Erde. Zeus, der Götterkönig, lässt hochbeglückte Heroen unter Kronos als König dort wohnen. Aller Kummer ist ihnen fern. Dreimal im Jahr vermögen sie aus einer fruchtbaren Erde Früchte, süß wie Honig, zu ernten. Eine Belohnung für besondere irdische Taten sehen die Jenseitsvorstellungen der archaischen Griechen noch nicht vor.

Andern, fern von den Menschen, gewährte Leben und Wohnsitz
Zeus, der Kronide, und ließ sie hausen am Rande der Erde,
auch den Unsterblichen fern, und Kronos wurde ihr König.
Und dort wohnen sie nun mit kummerentlastetem Herzen
auf den seligen Inseln und bei des Okeanos Strudeln,
hochbeglückte Heroen; denn süße Früchte wie Honig
reift ihnen dreimal im Jahr die nahrungsspendende Erde.

Hesiod, aus *Werke und Tage*

Olympische Ode

Vermutlich wurde die zweite olympische Ode des großen griechischen Lyrikers Pindar (518–446), der am Ausgang der archaischen Zeit steht, vom Dichter selbst am Hofe des Theron von Akagras (Sizilien) vorgetragen. Seit Pythagoras (geb. um 580) gibt es den Gedanken einer jenseitigen Vergeltung für irdische Taten. Wer dreifach seine Seele jedem Fehl fernzuhalten vermochte, erreicht, so Pindar, die höchste Seligkeit.

> Wo nie die Nächte sich wandeln,
> nimmer sich wandelt der Sonnentag,
> genießt der Edle allzeit ein Leben,
> das kennet Mühsal nicht.
> Und die Flur nicht martert die schwielige Hand,
> auch die Wogen nicht der See für karges Bedürfen.
> Und wer seines Eides nie vergaß,
> der weilt bei den Göttern
> in der Lieblinge Schar
> und weiß nicht, was Tränen sind.
>
> Aber die andern erdulden unausdenkbare Qual.
>
> Doch welche sich überwanden,
> drei Male hier wie dort
> ihre Seele fernzuhalten jedem Fehl,
> hin zu des Kronos Feste ziehen sie
> auf den Pfaden des Zeus.
> Es umweht kühler Hauch der Seligen Eiland,
> den das Weltmeer schickt.
> Blumen flammen da wie Gold;
> die Flur lässt leuchtend sie im Zwielicht erblühn.
> Die winden sie um ihren Arm.
> Auch Kränze flechten sie sich,
> wo Radamanthys' heiliger Richtstab wacht.
>
> *Pindar, aus der zweiten olympischen Ode*

Vision der griechischen Unterwelt: Auf seinem Thron im Palasttempel sitzt Hades, der Herr des Totenreiches. Links neben ihm mit Flammenzepter seine gekrönte Gattin Persephone. Links oben vom Tempel die trauernde Megara mit den erschlagenen Söhnen des Herakles, darunter Orpheus mit der Leier, tote Seelen heranführend. Rechts oben Theseus und sein Freund Peirithoos vor Dike, der Göttin der Gerechtigkeit. Darunter drei Totenrichter.
Unten Mitte links der Götterbote Hermes mit beflügelten Schuhen, Mitte rechts Herakles mit dem von ihm gefesselten dreiköpfigen Höllenhund Cerberos. Ihnen tritt Hekate, die Göttin der Zauberei, mit Fackeln entgegen.
Unten links am Rande Sisyphos, der in alle Ewigkeit den immer wieder herabrollenden Stein den Berg hinaufwälzen muss, rechts am Rande Tantalos, von den Göttern bestraft, die köstlichen Früchte über seinem Haupt niemals erreichen zu können.
Ein eher festlich anmutendes Gesamtbild. Die Vorstellung vom Hades hat sich seit Homer nachhaltig verändert.
Griechische Malerei auf dem Volutenkrater aus Canosa, um 320, Antikensammlung München.

Platon – Mythos von einer »himmlischen« Erde

Platon (427–347), griechischer Philosoph, Begründer der Akademie in Athen, für den die Begegnung mit seinem Lehrer Sokrates entscheidend war, lässt in den meisten seiner in Sprache und Aufbau künstlerisch schönen Werke Sokrates als Gesprächspartner in Dialogen auftreten.
Für Platon ist die Seele des Menschen unsterblich und göttlich. Durch den Tod wird sie von allem Elend eines unvollkommenen Erdendaseins »erlöst« (vgl. den christlichen Erlösungsgedanken). Insofern ist der Tod etwas zu Ersehnendes, denn danach wird die Seele in einer Welt der Wahrheit, der Schönheit, der Gerechtigkeit, in einer Welt der reinen Ideen weiterleben. Um diese Welt zu erlangen, muss der Mensch im Diesseits ein Leben in strenger Sittlichkeit führen.
Der Mythos, den Platon in seinem Werk »Phaidon« erzählt, beschreibt die Erde droben unter dem Himmel als ein Paradies. Alles ist dort anders. Götter wohnen in heiligen Hainen. Edelsteine funkeln, weit wunderbarer als alle auf der Erde erschauten. Alles ist Äther (reinste Luft). Krankheiten gibt es nicht. Das Leben währt unendlich lang. Gehör, Gesicht, Einsicht und Geist sind anders als bei den Irdischen.
Kein Dichter auf Erden vermag das zu preisen. Denn die Wahrheit im Jenseits ist einzig, göttlich, voll unendlicher Erkenntnis; sie ist lauteres Wissen, unfassbar und beglückend.

Wenn ich einen Mythos erzählen darf, so lohnt es sich wohl zu hören, wie jene Dinge beschaffen sind, die sich auf der »himmlischen« Erde befinden. Es heißt, diese Erde sei, von oben her gesehen, bunt wie die Bälle aus farbigen Lederstreifen: hier Purpur, hier Gold, hier Weiß, doch alles noch reiner und leuchtender als unser Auge es kennt. Selbst die Vertiefungen dieses Erdballs haben ihren eigenen Farbton, bunt erglänzend, so dass alles ein kostbares einheitliches Farbenspiel bietet.

Was aber auf dieser Erde wächst, Bäume, Blumen und Früchte, das entspricht durchaus der ihr eigenen Schönheit. Ebenso die Berge und die Gesteine, glatt, durchsichtig, Farben sprühend. Kleine Teile davon sind unsere beliebten Edelsteine: Karneol, Jaspis, Smaragd, und wie sie alle heißen. Doch sind diese Steine dort, weil sie um ein Vielfaches reiner sind, von einer ganz anderen Schönheit als hier. Selig, die dieses Schauspiel sehen dürfen.

Und Lebewesen gibt es dort, Tiere wie Menschen. Manche Menschen wohnen in der Mitte der Erde, manche an Küsten der Luft, so wie wir am Rande des Meeres, manche auf Inseln, die von der Luft wie von einem Meer umflossen sind. Denn es ist so: Was für uns Wasser und Meer ist, ist dort Luft. Und was uns die Luft ist, ist für die Menschen dort der Äther.

Die Jahreszeiten dort halten alle Krankheiten fern. Das Leben dort währt um vieles länger als das Leben hier. Gesicht, Gehör, Einsicht und Geist ist von dem unseren vollkommen verschieden.

In den heiligen Hainen dort wohnen die Götter. Ihre Erscheinungen, Stimmen und Weissagungen kommen zu den Menschen.

Kein Dichter auf Erden vermag diesen überhimmlischen Ort zu preisen. Der Lenker Geist aber, umringt von wahrem Wissen, wohnt an diesem Ort. Und er schenkt den Menschen Glück. Und sie schauen durch ihn die Wahrheit und die Gerechtigkeit. Sie gewinnen Besonnenheit und unfassliche Erkenntnis.

Und hat die Seele dies alles geschaut und sich ersättigt, dann taucht sie wieder unter den Himmel und kehrt heim.

Aus Platon, Phaidon

Platon – Über die Unsterblichkeit der Seele

Einen zentralen Ort in der Philosophie Platons nimmt die Lehre von der Seele ein. Die Seele ist Prinzip allen Handelns, bestimmt durch den Gegensatz von Neigung und Vernunft. Als Lebensprinzip ist die Seele unsterblich. Die Erkenntnis der aus der Wahrnehmung nicht zu gewinnenden »Ideen« – da alle empirischen Gegenstände wandelbar sind, postulierte Platon unwandelbare Ideen, um die Möglichkeit gesicherten Wissens darzutun – setzt ein Stadium der Präexistenz der Seele voraus, in dem sie die Ideen zu »schauen« vermag. In seiner Seelen-Lehre beruft Platon sich auch auf den etwa 100 Jahre älteren Lyriker Pindar (518–446).

Was sie (Pindar und andere Dichter) sagen, ist, dass die Seele des Menschen unsterblich ist. Eines Tages gelangt sie zu einem Ende – das ist, was der Tod genannt wird –, wird aber dann wiedergeboren und geht niemals zugrunde. Deshalb muss ein Mensch sein Leben so rechtschaffen wie möglich verbringen.

> Denn von wem Buße für alte Schuld
> die Unterweltgöttin Persephone annimmt,

im neunten Jahr wieder entsendet sie
deren Seelen zur oberen Sonne.
Sie auferstehen dann als edle Fürsten,
als schnellste an Stärke und größte an Weisheit.
Und für kommende Zeiten heißen sie Heroen,
heilig den Menschen.

Pindar

Da nun die Seele unsterblich ist und oftmals geboren wurde und hier und in der Unterwelt alle Dinge geschaut hat, so hat sie alles gelernt, was es gibt.

Platon, Menon 81b

Die Griechen stellten sich die unsterbliche Seele, die Psyche, als »Hauch«, als Schattenbild des Toten, aber auch, da sie losgelöst war von allem, als Vogel oder Schmetterling vor. Die hier abgebildete Psyche aus einer Vasenmalerei hat einen Mädchenoberkörper, Vogelfüße und Vogelschwanz sowie große Schmetterlingsflügel.

Der Traum des Scipio

Platons Schilderung von Jenseitsorten ist durchaus nicht einheitlich. Er spricht in den Dialogen sowohl von seligen Inseln als auch von der Sternenheimat der Seelen. Er beschreibt neben der Läuterung der Seele in einer Unterwelt mit Totenrichtern auch die Seelenwanderung.

Den Mythos von der Sternenheimat der Seele in einem astronomischen Himmel greift in römischer Zeit dann Cicero (106–43) auf. In seinem »Traum des Scipio« gibt dieser Schriftsteller ein einheitliches und klares Bild vom Aufbau des Sternenhimmels und vom Weiterleben der Seelen.

Cicero lässt Publius Cornelius Scipio mit seinem Großvater Scipio Africanus und seinem Vater Paulus ein Traumgespräch führen, in dem der jüngere Scipio erfährt, dass alle seine Vorfahren im Jenseits das eigentliche Leben gewonnen hätten. Das irdische Leben aber sei in Wahrheit der Tod. Es gehe um den Geist als das wahre Selbst, nicht um die körperliche Form des Menschen.

Als der jüngere Scipio sich daraufhin ein Leben im Jenseits erbittet, wird er belehrt, dass er auf Erden in Gerechtigkeit und mit frommem Sinn seine Pflichten zu erfüllen habe und warten müsse, bis er gerufen werde.

Aber Scipio darf im Traum den Jenseitsort schauen: Es ist eine Bahn von blendendem Glanz, die zwischen den Sternen erstrahlt – die Milchstraße. Scipio erschaut eine Sternenwelt, unendlich weiter, tiefer, größer als die von der Erde aus wahrnehmbare. Und er hört auch die Sphärenmusik, eine mächtige süße Harmonie, die seine Ohren erfüllt. Das ganze Universum aber, so nimmt Scipio wahr, wird von einem ewigen Gott regiert, einem Wesen, das lebt, fühlt, sich erinnert, voraussieht (Jüdisch-Christliches klingt hier an). Und die Seele, so seine Erkenntnis, ist ein Funke jener ewigen Feuer, die Gestirne genannt werden.

Scipio der Jüngere erzählt einen Traum, in dem ihm sein Großvater, der ältere Scipio Africanus, erschien:

Als ich ihn erkannte, erschrak ich sehr, aber er sagte: »Mut, Scipio, fürchte dich nicht, sei aber dessen eingedenk, was ich dir zu sagen habe.«

Unterdessen war ich völlig verängstigt, nicht so sehr aus Furcht vor dem Tode als vor eigener Treulosigkeit. Trotzdem fragte ich Africanus, ob er selbst noch lebe und auch mein Vater Paulus und die anderen, die wir längst als hingeschieden glauben.

»Natürlich leben sie«, antwortete er. »Sie sind den Fesseln des Körpers entflogen wie einem Gefängnis. Euer sogenanntes irdisches Leben ist in Wahrheit der Tod. Siehst du nicht deinen Vater Paulus auf dich zukommen?«

Beim Anblick meines Vaters brach ich zusammen und weinte. Aber er umarmte und küßte mich und sagte, dass ich nicht weinen solle. Sobald ich Herr meines Schmerzes war und wieder sprechen konnte, begann ich: »Warum, o Bester und Erhabenster der Väter, da hier, was ich eben von Africanus gehört habe, nur dem Namen nach Leben ist, warum muss ich ein sterbliches Leben auf Erden leben? Warum kann ich mich nicht rasch zu euch gesellen?«

»Nein, wirklich nicht«, antwortete er. »Wenn nicht der Gott, dessen Tempel das ganze sichtbare Universum ist, dich aus dem Gefängnis des Körpers erlöst, kannst du hier keinen Zutritt finden. Denn den Menschen wurde das Leben gegeben, um diese Erde zu bestellen, die du als Mitte dieses Tempels siehst. Jedem Menschen ist eine Seele gegeben, ein Funke dieser ewigen Feuer, die ihr Gestirne nennt. Kugelförmig, rund und belebt durch göttlichen Geist, kreisen sie mit wunderbarer Schnelligkeit in ihren festgelegten Bahnen. Deshalb, mein Publius, musst du, wie alle gottesfürchtigen Menschen, die Seele in der Hut des Körpers lassen, und du darfst aus dem Leben auf Erden nicht scheiden, bevor du nicht von dem gerufen wirst, der es dir gab. Sonst würdest du als jemand angesehen, der sich der von Gott auferlegten Menschenpflicht entziehen will.

Doch, Scipio, wie dein Großvater hier, wie ich selbst, der dein Vater war, so pflege Gerechtigkeit und frommen Sinn, die von großer Bedeutung sind gegenüber Eltern und Verwandten, von größerer noch in Bezug auf das Vaterland. Ein solches Leben ist ein hehrer Weg zum Himmel, in die Gemeinschaft derer, die ihr irdisches Leben vollendet haben, vom Körper befreit sind und an jenem Ort wohnen, den du dort drüben schaust« – es war eine Bahn von blendendem Glanz, die zwischen den Sternen erstrahlte –, »den ihr, mit einem von den Griechen übernommenen Begriff, die Milchstraße nennt.«

Als ich mich von diesem hohen Aussichtspunkt umschaute, erschien mir alles wundervoll und herrlich schön. Dort waren Sterne, die wir von der Erde niemals sehen, und ihre Ausmaße waren größer, als ich je vermutet hatte. Der kleinste unter ihnen, der dem Himmel am entferntesten und der Erde am nächsten war und mit geborgtem Licht aufleuchtete, war der Mond. Die Größe der Sterne aber überschritt bei weitem diejenige der Erde. Diese, in der Tat, erschien so klein, dass ich mich unseres Imperiums schämte, weil, was es bedeckt, nur wie ein Punkt ist.

Als ich mich von meinem Erstaunen über diesen mächtigen Rundblick erholt hatte und wieder zu mir gekommen war, fragte ich: »Sag mir, was ist diese mächtige süße Harmonie, die meine Ohren erfüllt?«

Er antwortete: »Diese Musik wird von Regung und Bewegung dieser Sphären selbst hervorgerufen. Die ungleichen Abstände zwischen ihnen sind streng geordnet, und so mischen sich hohe Töne aufs angenehmste mit tiefen, und es entstehen verschiedene, wundervolle Harmonien. Solche gewaltige Bewegungen können selbstverständlich nicht lautlos vor sich gehen, und es ist nur natürlich, dass, was zu äußerst schwingt, einerseits tiefe, andererseits hohe Töne erzeugt. Daher bringt die äußere Sphäre des Himmels, die die Sterne trägt und deren Bewegung sehr schnell ist, einen hohen durchdringenden Laut hervor, während die unterste Sphäre, diejenige des Mondes, sich mit tiefem Ton bewegt. Die Erde allerdings, die neunte Sphäre, bleibt fest und unbeweglich im Mittelpunkt des Universums. Aber die anderen acht Sphären, von denen sich zwei mit gleicher Geschwindigkeit bewegen, bringen sieben unterschiedliche Laute hervor – eine Zahl übrigens, die der Schlüssel zu nahezu allem ist. Kunstfertige Menschen, die diese himmlische Musik durch Saitenspiel wiedergeben, haben sich den Weg zum Himmel geöffnet, wie es andere Menschen hohen Geistes getan haben, indem sie ihr irdisches Leben dem Studium göttlicher Dinge weihten ...«

Im Folgenden sagt Scipio Africanus zu seinem Enkel:

»Setze deine besten Kräfte ein, und sei sicher, dass nicht du sterblich bist, sondern nur dein Leib. Nicht deine äußere Gestalt stellt sich in Wirklichkeit dar. Dein Geist ist dein wahres Selbst, nicht diese körperliche Form, auf die man mit Fingern zeigen kann. Deshalb wisse, dass du ein göttliches Wesen bist, insofern ein Gott ein Wesen ist, das lebt, fühlt, sich erinnert und voraussieht, das ordnet und herrscht, das seinen Körper, über den es gesetzt ist, bewegt – genau wie der höchste Gott über uns diese Welt regiert. Und gerade wie dieser ewige Gott das Universum bewegt, das zum Teil sterblich ist, so bewegt ein unsterblicher Geist den gebrechlichen Körper.«

Cicero, De re publica VI, 14–26

Aeneas in der Unterwelt

In seiner Aeneis, dem Nationalepos Roms, das auf Wunsch des Kaisers Augustus entstand, übernimmt Vergil (70–19 v. Chr.) die platonische Anschauung von der Läuterung der Seelen. Ein ewiges Verbanntsein in die Schattenwelt (wie bei Homer) gibt es nicht mehr. Man kann aus der Unterwelt wieder freikommen.
Im Elysium befinden sich die von allem Makel befreiten völlig geläuterten Seelen, von denen letztlich dann himmlischer Geist und feuriger Äther zurückbleibt. Vorher aber tummeln sie sich, ehemals Krieger, Priester, Sänger, Künstler und Erfinder, mit schneeweißen Binden um die Schläfen auf lieblichen Auen, unter eigener Sonne und eigenen Sternen, in Spiel, Tanz und Gesang ewige Wonnen genießend.
Nachdem Aeneas diese Gefilde durchwandert hat, findet er, nun von dem Dichter Musäus begleitet, seinen Vater Anchises am Lethestrom der Unterwelt, wo die Seelen, ihre Vergehen büßend, nach Licht sich sehnend, Vergessen trinken.
Anchises erschließt seinem Sohn das Weltall, zugleich die Situation derer, die am Lethestrom Pein erleiden, sich aber über eine Rückkehr in menschliche Körper Erlösung erhoffen.
Der Textauszug beginnt damit, wie Aeneas unter Begleitung der Sibylle von Cumae zunächst die elyseischen Gefilde erreicht.

> Göttin, der ein Opfer gespendet wird: *Hekate*.
> Thrakiens Priestersänger: *Orpheus*.
> *Eridanus:* Sagenhafter, im Westen lokalisierter Weltenstrom.
> *Phoebus:* Kultname Apollos als Sonnengott.
> *Musaeus:* Dichter und Sänger aus dem attischen Mythos.
> *Lethe:* Unterweltstrom, an dem die Seelen der Verdammten Vergessen trinken.
> *Manen:* In der römischen Religion Bezeichnung für die Totengeister.

Also sprach die Sibylle von Cumae und gleich dann
drängte sie: »Nimm deinen Weg, vollbring den begonnenen Auftrag.
Schnell denn voran! Schon seh ich den Burgring, der in Kyklopenwerkstatt geschmiedet, sehe die vorn sich wölbende Pforte.
Dort hinterlegen wir, wie uns befohlen, hier diese Gabe.«

So nun gingen in gleichem Schritt sie im Dunkel der Wege
eilend die letzte Strecke dahin und nahten der Pforte.
Hurtig springt Aeneas zum Eingang, besprengt sich mit frischem
Wasser sodann und heftet den Zweig ganz vorn an die Schwelle.

Erst als dieses vollbracht und der Göttin die Gabe spendet,
kamen zum Orte der Freude, zu lieblich-leuchtender Grünung
glückgesegneter Haine sie hin, zu der Seligen Wohnsitz.
Fülle des Äthers umwebt das Gefild mit purpurnem Lichte.
Eigene Sonne kennen sie hier und eigene Sterne.
Einige üben die Glieder auf grasgepolstertem Ringplatz,
messen im Kampfspiel sich und ringen in gelblichem Sande.
Andere stampfen im Reigentanz bei fröhlichen Liedern.
Thrakiens Priestersänger, umwallt vom langen Talare,
spielt zu Tanz und Lied die siebensaitige Leier,
schlägt mit Fingern sie bald und bald mit dem Elfenbeinstäbchen.

Andere sieht zur Rechten er da und zur Linken im Grase
schmausen, sie singen im Chor des Kriegsrufs jubelnde Weise
dort im duftenden Lorbeerhain, woher sich nach oben
flutenreich durch Wald hinwälzt des Eridanus Woge.

Hier ist die Schar, die im Kampf um das Vaterland Wunden erlitten,
hier sind die, die als Priester rein ihr Leben erfüllten,
hier die frommen Seher, die, würdig des Phoebus, gesprochen,
hier, die das Leben durch Kunst und Erfindungen bildend bereichert,
alle, die je durch Verdienst in der Welt ein Denkmal sich schufen.
Ihnen allen umschlingt eine schneeweiße Binde die Schläfen.

Ringsum drängten sie her; da sprach sie an die Sibylle,
allen voran den Musaeus – denn ihn als Mittelpunkt hält die
dichteste Schar umringt, hoch ragt er heraus mit den Schultern –:
»Saget, ihr glücklichen Seelen, und du, vortrefflicher Seher,
welcher Bereich birgt hier den Anchises? Denn seinetwillen
kamen wir her, überqueren der Unterwelt riesige Ströme.«
Ihr erwiderte also der Held mit wenigen Worten:
»Festes Haus hat niemand; wir wohnen in schattigen Hainen;
Rasenpolster an Ufern und quellfrisch grünende Wiesen
sind unser Heim. Doch ihr, wenn so euer Herz euch gewillt ist,
nehmt diese Höhe; ich führe euch gleich auf gemächlichen
Fußpfad.«
Also sprach er und ging voran; und strahlende Fluren
zeigte er ihnen von oben; dann schritten vom Gipfel sie abwärts.

Vater Anchises musterte eifrig indessen die Seelen,
die das grünende Tal umschloss und die auf dem Weg schon
waren zum Lichte der oberen Welt; er prüfte gerade
all der Seinen Zahl, die teuren Enkel, der Männer
Schicksalsziel und Zufallswandel, Wesen und Wirken.
Als aber jetzt den Aeneas er sah, der ihm gegenüber
eilte durchs Grün, da streckte er lebhaft aus seine Hände,
Tränen rannen die Wangen herab und es trieb ihn zum Worte:
»Endlich bist du da, deine Liebe, erwartet vom Vater,
zwang den harten Weg; ich darf nun schauen dein Antlitz,
Sohn, darf hören vertrautes Wort und darf es erwidern.
Hab doch im Herzen geglaubt und gewusst, so werde es kommen,
zählte die Tage mir ab: Nicht hat mich mein Sehnen betrogen.
Welche Lande und was für Meere durchfuhrest du, dass ich
dich nun habe, wie trafen, mein Sohn, dich große Gefahren!
Wie hatt' ich Angst, es möchten dir Libyens Reiche doch schaden!«

Da sprach Aeneas: »Dein trauernd Bild, mein Vater, ist oft und
oft mir begegnet und trieb mich zu dieser Schwelle; die Flotte
liegt im Tyrrhenischen Meer; lass, Vater, lass deine Hand mich
fassen, entziehe dich, Vater, doch nicht der Umarmung des Sohnes.«
Also sprach er und Ströme von Tränen netzten sein Antlitz.
Dreimal versuchte er, ihm um den Nacken die Arme zu schlingen,
dreimal, vergeblich umarmt, entrann das Bild seinen Händen,
leicht wie Windhauch, ähnlich durchaus dem flüchtigen Traumbild.

Nun bemerkt Aeneas im Hintergrunde des Tales,
abgetrennt, einen Hain und rauschende Büsche des Waldes,
sieht den Lethestrom, der an friedlichen Stätten vorbeifließt.
Rings den Fluss umwimmeln unzählige Stämme und Völker;
und wie wenn auf Wiesen im heiteren Sommer die Bienen
schweben auf bunten Blumen, auf schimmernden Lilien rings sich
niederlassen, so schwirrt und surrt allum das Gefilde.
Schaudernd steht bei der plötzlichen Sicht und fragt nach den
Gründen ahnungslos Aeneas, was das für Ströme dort ferne
seien und was für Männer, die dicht umdrängten die Ufer.

Da sprach Vater Anchises: »Die Seelen, denen das Schicksal
neue Verkörperung schuldet, sie trinken an Lethes Gewässern
sorgenlösendes Nass und langes, tiefes Vergessen.
Dir von diesen zu sagen und dir sie vor Augen zu zeigen,
drängt es mich längst, dir aufzuzählen den Nachwuchs der Meinen,
dass umso mehr du mit mir des entdeckten Italien froh wirst.«

»Vater, so muss man denn glauben, es steigen Seelen von hier nach
droben zum Himmel und kehren zum zweiten Male zu trägen
Körpern? Welch heilloses Verlangen zum Licht packt also die Armen?«

»Sohn, das will ich erklären und nicht im Zweifel dich lassen«,
spricht Anchises, erschließt ihm der Reihe nach Wesen um Wesen:
»Himmel und Erde zunächst, des Meeres Wogengefilde
und die leuchtende Kugel des Monds und die riesige Sonne
nährt von innen der Geist und gliederdurchflutend bewegt sein
Walten den Weltenbau, vermählt sich dem mächtigen Leibe.
Hieraus stammen Menschen und Vieh und das Leben der Vögel
und was an Wesen der Ozean birgt unter marmornem Spiegel.
Feuers Urkraft lebt und himmlischer Ursprung in jenen
Keimen, soweit nicht Schwächen der Leiber lastend sie hemmen,
irdisch Gelenk nicht stumpf sie macht mit sterblichen Gliedern.

Daher fürchten, verlangen und leiden und freuen sie sich, ihr
Blick dringt nicht durch die Lüfte; sie hausen im finsteren Kerker.
Ja, selbst wenn mit letztem Blick das Leben dahinschied,
weicht nicht jegliches Übel den Armen, weichen nicht alle
Seuchen des Körpers von Grund aus fort, denn, lange und tief den
Seelen verwachsen, bleibt noch viel erstaunlich verwurzelt.
Daher suchen Peinen sie heim; für frühere Sünden
büßen Strafen sie ab; breit hangen die einen im leeren
Windraum schwebend gereckt, den anderen wird über wüsten
Wassern der Schandfleck getilgt oder ausgebrannt durch Feuer.

Wir erleiden je eigene Manen; dann aber werden
wir durch Elysiums Weite gesandt und bewohnen, ein paar nur,
Fluren der Wonne, bis lang-lange Frist, wenn erfüllet die Zeit ist,
eingewachsenen Makel tilgt und lauter zurücklässt
äthergeborenen Sinn und einfachen Lichthauchs Feuer.

Alle hier, wenn sie ihr Rad durch tausend Jahre hin wälzten,
ruft zu Lethes Strom der Gott in mächtiger Heerschar:
Denn sie sollen erinnerungslos die obere Wölbung
wiedersehen, gewillt zurückzukehren in Körper.«

Also sprach Anchises und zog mit dem Sohn die Sibylle
mitten in die Versammlung hinein und die summende Menge,
nahm einen Hügel, von wo in langen Reihen von vorne
alle er mustern könne und kennen der Kommenden Antlitz.

Publius Vergilius Maro, Aeneis Buch VI, 637-751

Zu den Sternen erhöht – Die Apotheose Caesars

Ovid (43 v.– etwa 17 n. Chr.), vor seiner Verbannung gefeierter Dichter Roms, lässt in seinen Metamorphosen, denen wir auch eine Schöpfungsgeschichte verdanken, die Seele des in der Curie ermordeten Julius Caesar – von seiner Ahnherrin Venus, der römischen Nationalgöttin, (unsichtbar) in Empfang nehmen und gen Himmel tragen. Bald aber, licht und feurig, löst die Seele sich von der Göttin, schwingt sich über die Mondregion, zieht einen langen flammenden Schweif und beginnt als Stern – zugleich ein Gott, wie im Weltenarchiv verzeichnet – zu funkeln.
Menschenseelen als Sterne, das findet sich auch bei Platon und Cicero.
Diomedes war vor Troja einer der stärksten Kämpfer der Griechen.
Die drei Schwestern sind die drei *Parzen*, Schicksalsgöttinnen der Römer.
Mit Caesars Sohn ist sein Adoptivsohn *Octavian*, später »Augustus«, gemeint.

Aber die Winke der Götter vermochten den nahenden Anschlag
nicht zu vereiteln: Schon trug man gezogene Schwerter in einen
heiligen Raum; denn man fand in der Stadt keine andere Stätte
für das Verbrechen des grässlichen Mordes, als gerade die Curie.

Jetzt schlug gar Venus, die cytherische Göttin, die Brust sich mit
beiden Händen und wollte den Spross des Aeneas in schützender
Wolke bergen, wie einst sie den Paris entriss den ergrimmten
Atriden, oder wie damals Aeneas entkam Diomedes' Gewaffen.

»Willst du allein, o Tochter, das unüberwindliche Schicksal meistern?«,
so sagte Gott Jupiter, »du magst die Behausung der Schwestern

Zur Apotheose (griechisch »Vergöttlichung«) Caesars gibt es kein Bild. Hier ist die Apotheose des Kaisers Antoninus Pius (gest. 161) und seiner Frau Faustina dargestellt. Auf den Schwingen eines Jünglings, über denen Adler, Symbole der Vergöttlichung (wie des Römischen Reiches), flattern, wird das Kaiserpaar zu den Göttern erhoben. Rechts die Göttin Roma, links der Gott des Marsfeldes mit dem Obelisken, der dort aufgestellt war.
Relief an der Ehrensäule des Kaisers Antoninus Pius, Rom.

selbst betreten, der drei! Dort wirst du aus Erz und massivem
Eisen ein riesiges Werk, die Weltenarchive, erblicken,
die kein Beben des Himmels bedroht, kein wütender Blitzstrahl,
die nicht Einsturz befürchten, gesichert auf immer und ewig.
Allda wirst du, gehauen in dauernden Stahl, die Geschicke
deines Geschlechtes entdecken. Ich las sie selbst und behielt sie
wohl und künde die Zukunft, damit du sie endlich erfahrest.
Jener, um den du dich mühst, o Venus, er hat seine Laufbahn,
die ihm auf Erden bestimmt war, erfüllt, seine Jahre vollendet.

Dass er als Gott im Himmel erscheint und in Tempeln verehrt wird,
das wirkst du und sein eigener Sohn.
Aus dem gemordeten Leib indessen entraffe die Seele!
Wandle zum Licht sie, dass immer der göttliche Julius unsre
Burg Capitol und das Forum aus himmlischer Helle beschaue!«
Kaum sind die Worte gesprochen, so steht sie, die gütige Venus,
mitten im Saal des Senats, für niemanden sichtbar; des teuren
Caesars entweichende Seele entführt sie dem Körper. Sie will nicht,
dass in die Luft sie schwinde: sie trägt sie empor zu den Sternen.
Aber beim Tragen wird licht die Seele und feurig; die Göttin spürt
es und lässt sie
los vom Busen: Da schwingt sie sich über die Mondregionen,
zieht einen langen, flammenden Schweif und funkelt jetzt als Stern.

Ovid, Metamorphosen XV, 799-819; 840-851

Römischer Grabstein

Die Inschrift eines römischen Grabsteins aus dem 3. nachchristlichen Jahrhundert beschreibt noch einmal wie bereits Homer, Hesiod, Pindar und Platon die Seligen Inseln als elyseische Gefilde, wo die Verstorbenen in sanften Auen zwischen lächelnden Blumen ohne jede irdische Bekümmernis in kristallhell klarer Fülle wandeln.

Prote, du bist nicht tot, in ein liebliches Land nur gewandert,
wohnest du auf der Seligen Inseln in ewiger Wonne,
wo auf elysischer Flur du flüchtigen Fußes beschreitest
lächelnd der Blumen sanftschmiegende Aue, der Leiden entbunden.
Nicht mehr sehret dich Frost, nicht Hitze noch drückende
Krankheit.
Hunger und Durst sind dir fremd;
es härmt dich nicht einmal das Sehnen
nach der Menschen armseligem Los: Du lebst sonder Vorwurf
nächst dem Olymp in des Lichts kristallklar strahlender Fülle.

Aus dem 3. Jahrhundert n. Chr.

Die gefallenen Krieger in Walhall

Die Mythen der Nordgermanen, festgehalten in der Zeit um 1050–1250, von Krieg und Kampf bestimmt, erzählen im Hinblick auf das Jenseits nur von gefallenen Kriegern, die zum Göttervater Odin und der Göttin Freya nach Walhall kommen, um dort mit Eberfleisch und Met – beides geht niemals aus – wieder und wieder bewirtet zu werden, und die im Kampfspiel, täglich neu, bis in alle Ewigkeit ihre Kräfte aneinander erproben.
Der Himmel der Nordgermanen ist ein Krieger-Himmel. Den tapferen Helden wird ewiges Glück zuteil. Die im Bett Gestorbenen – dieser Tod gilt als unehrenhaft – kommen nach Hel, in eine formlose Unterweltregion von Dunkelheit und Kälte, die von der gleichnamigen finsteren Todesgöttin Hel beherrscht wird.
Von einem Jenseits für Frauen und Kinder ist nicht die Rede. In einigen Wikingergräbern fand man indes auch Erntewerkzeuge und Spielsteine, ein Hinweis darauf, dass die Jenseitshoffnung der Nordgermanen u. U. mehr umfasste als nur das ständige Trinken und Kämpfen in Walhall.
Die erzählende »Jüngere Edda« – ihr entstammt unser Text – wurde vom Isländer Snorri Sturluson (1178–1241) aufgeschrieben. Sie enthält auch Lieder der »Älteren Edda«, z. B. das nachfolgend erwähnte Lied Grimnismal (6. Jahrhundert).

Walhall: »Gefallenen-Halle«, Wohnsitz des Göttervaters Odin in der germanischen Himmelswelt Asgard.
Einherier: Germanische Helden, die, im ruhmvollen Zweikampf auf der Walstatt gefallen, von den Walküren zu Odin nach Walhall getragen wurden. Einherier = »der allein Kämpfende«.
Freya: Göttin der Fruchtbarkeit und der Liebe mit Wohnsitz in Folkwang (»Feld des Volkes«).
Asen: Göttergeschlecht der Nordgermanen. Neben ihnen gab es das zweite Göttergeschlecht der Vanen.
Walküren: Jungfräuliche Kriegerinnen, die auf wilden Pferden durch die Lüfte jagten. Walküre = »Toten-Wählerin«.
Der Wolf (Fenriswolf): Gefährlicher Dämon in Wolfsgestalt, der, von den Göttern gefesselt, beim Weltenuntergang Ragnarök sich losreißen und Odin töten wird.

Odin heißt Allvater, weil er aller Götter Vater ist, und Walvater, weil alle seine Wunschsöhne sind, die auf dem Walplatz fallen. Sie werden in Walhall aufgenommen und heißen Einherier.
Freya ist die herrlichste der Asen. Sie hat eine Wohnung im Himmel,

und wenn sie zum Kampf zieht, gehört die eine Hälfte der Gefallenen ihr und die andere Hälfte Odin, wie hier gesagt ist:

> Folkwang ist die neunte Burg, da hat Freya Gewalt,
> die Sitze zu ordnen im Saal.
> Der Walstatt Hälfte hat sie täglich zu wählen;
> Odin hat die andre Hälfte.

Noch andere sind, die in Walhall dienen, die das Trinken bringen, die das Tischzeug und die Älschalen verwahren sollen. Die heißen Walküren. Odin sendet sie zu jedem Kampf. Sie wählen die Fallenden und walten des Sieges. Und alle Männer, die im Kampf gefallen sind von Anbeginn der Welt, kommen zu Odin nach Walhall. Eine gewaltige Menge ist dort, und noch viel mehr müssten ihrer werden; aber es scheint, ihrer seien viel zu wenig, wenn der Wolf kommt. Doch niemals ist die Volksmenge in Walhall so groß, dass ihr das Fleisch des Ebers nicht genügen möchte, der Sährimnir heißt. Jeden Tag wird er gesotten und ist am Abend wieder heil.

Und wenn man fragt:»Was haben die Einherier zu trinken, das ihnen so genügen mag wie ihre Speise? Oder wird da Wasser getrunken?« So lautet die Antwort:»Wunderlich fragt ihr, als ob Allvater Könige, Jarle und andere herrliche Männer zu sich entbieten würde und gäbe ihnen Wasser zu trinken.

Die Ziege, die Heidrun heißt, steht über Walhall und weidet an den Zweigen des vielberühmten Baumes, der Lärad genannt wird, und von ihrem Euter fließt so viel Met, dass sie täglich ein Gefäß füllt, das so groß ist, dass alle Einherier davon vollauf zu trinken haben.

Ein wunderbar großes Haus ist Walhall mit großen Toren, so dass ein jeder aus- und eingehen kann, wie er will, wie es in Grimnismal heißt:

> Fünfhundert Türen und viermal zehn
> weiß ich in Walhall.
> Achthundert Einherier gehn aus je einer,
> wenn es dem Wolf zu wehren gilt.

Ein gewaltiger Häuptling ist Odin, der so große Heere hat.«

»Und die Kurzweil der Einherier?«

»Jeden Morgen, wenn sie angekleidet sind, wappnen sie sich und gehen in den Hof und kämpfen und fällen einander. Das ist ihr Zeitvertreib. Und wenn es Zeit ist zum Mittagsmahl, reiten sie heim gen Walhall und setzen sich an den Trinktisch, wie hier gesagt ist:

> Die Einherier alle in Odins Saal
> streiten Tag für Tag.
> Sie reiten vom Kampf heim,
> mit Asen Met zu trinken.
> Dabei sitzen sie friedlich zusammen.«

Aus dem Kapitel Gylfaginning der Jüngeren Edda.

Die Helden ziehen durch das Tor des Regenbogens in Walhall ein.
Runenstein, Historisches Museum, Stockholm.

Auf dem Weg in die Herrlichkeit des Herrn –
»Jenseits« im Diesseits bei Jesaja

In einer Vision schaut der Prophet im 8. Jahrhundert v. Chr. voraus auf eine Zeit, da Gott mit seinem Volk endgültig verbunden sein wird. Es ist eine Endzeit (als »Jenseits«), die sich im Diesseits verwirklicht. Sie hat zu tun mit nationalen Hoffnungen des Volkes Israel. Wie bei Jesus im Neuen Testament ist es die anbrechende Gottesherrschaft unter den Menschen. Blühende Wüste, geheilte Kranke, der »heilige Weg« ... verweisen darauf.

> Die Steppe wird voller Freude sein,
> das dürre Land voller Glück.
> Die Wüste erblüht. Sie bedeckt sich mit Blumen,
> denn sie schaut die Herrlichkeit des Herrn.
>
> Macht die schwachen Hände stark!
> Macht fest die zitternden Knie!
> Ruft den im Herzen Verzagten zu:
> »Habt keine Angst! Fasst wieder Mut!
>
> Öffnet die Augen! Denn dort kommt Gott,
> der Gott, der euch befreit:
> Blinde können wieder sehen.
> Die Ohren der Tauben öffnen sich.
> Der Lahme springt herum wie ein Hirsch.
> Der Stumme jubelt vor Freude.«
>
> Quellen brechen auf in der Wüste.
> Bäche ergießen sich in der Steppe.
> Den glühenden Sand bedeckt ein See.
> Im dürren Land sprudeln Wasserquellen.
>
> Eine gute Straße führt hindurch.
> Es ist der »heilige Weg«.
> Es ist ein Weg für das Volk des Herrn.
> Auch wer ihn nicht kennt, wird ihn finden.
>
> Er braucht sich nicht fürchten, irre zu gehen.
> Kein Löwe wird ihn bedrohen.
> Kein Raubtier lauert auf dem Weg.
> Nur die Erlösten Gottes gehen dort.

Sie gehen in Gottes »heilige Stadt«
zum Berge, auf dem Gott wohnt.
Freude strahlt aus ihren Augen,
grenzenloses Glück.
Jubelnd erkennen sie ihren Herrn.
Gram und Klage sind nicht mehr.

Aus Jesaja 35,1-10

Jenseitshoffnung im Spätjudentum – Das Buch der Weisheit

Die israelitische Religion hat sich ein Jahrtausend lang dagegen gesperrt, die in einigen benachbarten Religionen selbstverständliche Überzeugung vom Weiterleben nach dem Tode zu übernehmen. Nur das irdische Leben des Menschen galt als nennenswertes Gut. Zwar rechnete man damit, dass die Toten in einem Totenreich (Scheol) noch »etwas« seien, eine Art »Schatten«. Tatsächlich aber wurde der Tod des Menschen als Verlust seiner Gottesverbundenheit betrachtet: »Tote können den Herrn nicht mehr loben. Sie sind dort, wo man für immer schweigt« (Psalm 115,17; vgl. auch Psalm 6,6; Psalm 88; Jesaja 38,18). Nach dem babylonischen Exil betrachtete man Aussagen über die Wiederbelebung von Toten als Bild für die Rückkehr der Verbannten. Herausragendes Beispiel dafür ist Ezechiel 37,1-14.

Als nächste Stufe darf man den aufkommenden Wunsch betrachten, das heilvolle Leben in Gott möge auch in einen Heilszustand nach dem Tode münden. Hier ist Ijob 19,25-27 zu nennen oder Psalm 16,8-11, wo es u. a. heißt: »Herr, ich halte zu dir. Darum wirst du mich nicht in die Totenwelt schicken. Du kannst mich doch nicht der Vernichtung preisgeben! Du zeigst mir den Weg zum Leben. Deine Nähe erfüllt mich mit Freude. Aus deiner Hand kommt ewiges Glück.«

Den Glauben an ein jenseitiges Leben bei Gott als Belohnung für ein gutes Leben im Diesseits entwickelte indes erst das Spätjudentum. Im 2. Makkabäerbuch, um 100 v. Chr. niedergeschrieben, findet sich solcher Glaube: Der berühmte Makkabäer Judas, Führer im Aufstand gegen die griechischen Seleukiden (166–160), veranstaltete eine Sammlung für Jerusalem als Sühnopfer für die Gefallenen. In diesem Zusammenhang heißt es 2 Makkabäer 12,44-45: »Das war eine sehr schöne und gute Tat, denn mit ihr bewies Judas, dass er an die Auferstehung der Toten glaubte. Judas war überzeugt, dass auf alle, die Gott ernst genommen hatten und auch so gestorben waren, ein herrlicher Lohn warte« (vgl. auch 2 Makkabäer 7,9).

Schon früher (um 165 v. Chr.) war das Danielbuch entstanden. Hier liest man

12,13: »Am Ende der Zeit wirst du auferstehen. Dann wird dir das Leben zuteil, das Gott für alle bestimmt hat, die ihm treu geblieben sind.«
Das Danielbuch kennt auch Vorformen eines endzeitlichen Gerichtes: »Viele, die in der Erde schlafen, werden erwachen, die einen zu unvergänglichem Leben, die anderen zu ewiger Schmach und Schande« (12,2).
Diese Vorstellung vom Gericht Gottes über den Einzelnen nach seinem Tode war unter hellenistischem Einfluss in Israel eingedrungen. Sie setzte sich in der Spätzeit des Alten Testamentes weithin durch und spielte nicht nur in der Theologie der Pharisäer, sondern auch in der Volksfrömmigkeit eine große Rolle.
Die in den spätjüdischen Texten formulierte apokalytische Hoffnung auf ein Leben nach dem Tode ist die traditionsgeschichtliche Voraussetzung für den urchristlichen Auferstehungsglauben.
Das Weisheitsbuch, in der Mitte des 1. Jahrhunderts v. Chr. als jüngstes Buch des Alten Testamentes in der ägyptischen Diaspora entstanden, hatte als Verfasser einen jüdischen Weisen, der griechisch schrieb. In diesem Buch werden Fromme und Böse einander gegenübergestellt. Die einen erlangen Unsterblichkeit bei Gott, die anderen werden durch ihre eigenen Taten schuldig gesprochen und fallen der Verdammnis – das ist zu dieser Zeit bereits eine Strafhölle »Gehenna« (der Name vom Tal Ge-Hinnom bei Jerusalem) – anheim.

Gott hat die Menschen für ein unvergängliches Leben geschaffen.
Nach seinem eigenen Bild, dem Bild des lebendigen Gottes,
hat er sie erschaffen.
Die Frommen sind in Gottes Hand geborgen.
Keine Qual kann sie mehr erreichen.
Sie sind im Frieden bei Gott.
Sie starben voll Hoffnung.
Und in dieser Hoffnung sind sie schon unsterblich.
Unermessliches Glück wird ihnen zuteil.
Wenn Gott das letzte Gericht hält,
werden sie hell aufstrahlen.
Sie werden wie Feuerfunken sein.
Der Herr ist für ewige Zeiten ihr König.
Er steht zu seinem Wort.
Und alle, die ihm treu geblieben sind,
werden in Liebe mit ihm verbunden sein.
Die Bösen aber, die die Frommen verachten
und dem Herrn den Rücken gekehrt haben,
werden die Strafe bekommen,

die sie verdient haben.
Wenn Gott sie zur Abrechnung über ihre Sünden rufen lässt,
werden sie zitternd herbeikommen.
Ihre Untaten werden ihnen entgegentreten
und sie schuldig sprechen.
Die Frommen stehen voller Zuversicht vor ihnen.
Sie aber ergreift schreckliche Furcht.
In der Angst ihres Herzens stöhnen sie auf:
»Ihr seid jetzt unter die Söhne Gottes aufgenommen
und habt teil an der Herrlichkeit der Engel.
Wir aber taten Unrecht und tappten im Dunkel.
Keine Spur von guten Taten lassen wir zurück.
Unsere eigene Schlechtigkeit hat uns aufgezehrt.«
Auf die Menschen aber, die Gott gehorchten,
wartet unvergängliches Leben.
Denn er beschützt und bewahrt sie mit seinem starken Arm.

Buch der Weisheit, aus 3,1-10; 4,20; aus 5,1-16

Des Lebens Schätze am Ende offenbar –
Die Esra-Apokalypse

Die Esra-Apokalypse wurde nach der Zerstörung Jerusalems durch die Römer etwa um 85 n. Chr. niedergeschrieben. Wegen der Ähnlichkeit der geschichtlichen Katastrophen wurde der Text von dem anonymen Verfasser dem Schriftgelehrten Esra, der nach der Rückkehr aus der babylonischen Gefangenschaft um 458 v. Chr. das zerstörte Jerusalem wieder aufbaute, in den Mund gelegt. Das »Gedicht« ist von der Hoffnung auf eine große endzeitliche Zukunft bei Gott getragen.

Gott, der Herr, spricht zu Esra:

Denn für euch ist das Paradies eröffnet,
der Lebensbaum gepflanzt,
der zukünftige Äon zugerüstet,
die Seligkeit vorherbestimmt,
die Stadt erbaut,
die Heimat auserwählt,

das gute Werk geschaffen,
die Weisheit bereitet,
die Krankheit vor euch vertilgt,
der Tod verborgen,
die Totenwelt vergangen,
die Vergänglichkeit vergessen,
die Schmerzen vorüber.
Des Lebens Schätze sind euch am Ende offenbar.

4. Buch Esra 8,52

Bilderrede von der zukünftigen Welt –
Die Henochapokalypse

Die außerbiblische Apokalypse des Henoch entstand, griechisch geschrieben, um 100 n. Chr., etwa gleichzeitig mit der biblischen Apokalypse des Johannes. Überliefert ist sie aus dem 5. nachchristlichen Jahrhundert in äthiopischer Sprache. In der abessinischen Kirche gehörte sie zum Kanon. In der christlich-abendländischen Kirche aber war sie durch den Kirchenvater Hieronymus in die Apokryphen verdrängt worden.
Auf einer kosmischen Traumreise schaut der (vorsintflutliche) Patriarch Henoch – er ist Genesis 5,24 kurz erwähnt – die Enden der Erde und die Tore des Himmels offen. Er sieht den Thron der Herrlichkeit Gottes, der ihm vom Erzengel Michael als Thron des Gerichtes interpretiert wird. Er kommt ins Paradies der Erwählten, in den »Garten der Gerechtigkeit«, sieht schließlich, umgeben von unzähligen Engeln, den »Betagten«, den »Uralten«, der ihm Frieden zuspricht und den er nur preisen kann.
Gott als der »Uralte an Tagen«, das steht auch im spätjüdischen Danielbuch (7,9) – und zwar nur hier, anderswo im Alten Testament niemals wieder. Thronvision, Herrlichkeit, weiße Haare und weißes Gewand stimmen nicht nur mit dem Danielbuch überein, sondern auch mit Passagen des bereits vor Daniel entstandenen Henoch-Buches, das man in Qumran fand.
Der Betagte kommt zum Gericht. Die Bücher des Lebens sind vor ihm aufgeschlagen. Zehntausende von Engeln umstehen ihn (vgl. Daniel 7,10). Henoch erfährt alle Geheimnisse.

Da begann Henoch, ein gerechter Mann, mit seiner Bilderrede und sprach: »Ich sah sieben herrliche Berge, jeden vom andern verschieden, prächtig und von schönem Äußeren. Der siebte Berg überragte, einem Thronsitz ähnlich, alle an Höhe. Es bedeckten ihn ringsum wohlriechende Bäume. Unter denen befand sich ein Baum mit mehr Duft als alle anderen. Seine Blüten und Blätter welkten nicht, und seine Früchte waren wie die Trauben der Palme.

Michael aber, einer von den heiligen Engeln, der bei mir war, sagte: »Dieser Berg ist der Thron, wo der große Heilige, der Herr der Herrlichkeiten, der König der Welt, sitzen wird, wenn er herabkommt, um die Erde mit den Guten zu suchen. Dann werden die Bücher des Lebens vor ihm aufgeschlagen. Und das Gericht beginnt.

Die Gerechtgesprochenen aber werden zum Leben kommen. Und die Frucht des wohlriechenden Baumes wird ihnen zur heiligen Speise am heiligen Ort des Königs der Ewigkeit werden. Sie werden sich überaus freuen und fröhlich sein und in das duftende Heiligtum eingehen. Und es wird weder Trübsal noch Leid, weder Mühe noch Plage sie berühren.«

Und Henoch sprach: »Ich kam in den Garten der Gerechtigkeit. Ich sah den Baum der Weisheit, von dem viele Heilige essen und großer Weisheit kundig werden. Von dort ging ich bis an die Enden der Erde. Ich sah dort große Tiere, keins wie das andere, auch Vögel, verschieden nach Aussehen, Schönheit und Stimme. Und ich sah die Pfeiler der Erde, worauf der Himmel ruht. Und die Tore des Himmels standen offen.

Danach stieg mein Geist in den letzten Himmel auf. Ich sah zwei Feuerströme. Und sie glänzten wie Hyazinth. Der Engel Michael aber zeigte mir alle Geheimnisse des Himmels. In der Mitte jenes Lichtes erhob sich ein Bau aus Kristallsteinen, und zwischen den Steinen waren Zungen lebendigen Feuers. Unzählige Engel, tausendmal zehntausend, ihre Kleider weiß und ihr Antlitz leuchtend wie Schnee, umgaben den kristallenen Bau und bewachten den Thron seiner Herrlichkeit.

Und es kam der Betagte, sein Haupt weiß und rein wie Wolle und sein Gewand unbeschreibbar. Er sprach zu mir: »Frieden im Namen der zukünftigen Welt!«

Ich pries den Herrn der Herrlichkeit, den König der Ewigkeit, dass er solches geschaffen und verheißen hatte, uns zu geben.

Apokalypse des Henoch. Auszüge aus den Kapiteln 24, 32 und 71

Die christliche Auferstehungshoffnung in Briefen des Paulus

Paulus, dem es einerseits darum geht, nur »eins mit Christus« sein zu können, wie Philipper 1,23 und 2 Korinther 5,8 sowie 1 Thessalonicher 4,17 zu lesen, bestimmt andererseits die Jenseitsvorstellung von Christen, die sich auf das Neue Testament berufen, nachhaltig durch das, was er in den Briefen nach Korinth um 55 n. Chr. über die Auferstehung der Toten sagt. Sie wird allen Menschen gewährt. Der sterbliche Leib wird in einen durch Gottes Geist beseelten unvergänglichen Leib verwandelt werden und in dieser Wesenheit ganz bei Gott sein. So Paulus in 1 Korinther 15,42-44.
In 2 Korinther 5,1-2 sieht Paulus das Jenseits des Menschen als ein für alle Ewigkeit bestehendes Haus. Der im Irdischen bedrückte Mensch sehnt sich danach, mit dieser himmlischen Behausung = mit Unvergänglichkeit und Unsterblichkeit umkleidet zu werden.
Wie 5,10 verdeutlicht, sieht Paulus auch ein Endgericht, in dem der Messias über die Menschen nach ihrem irdischen Verdienst oder Versagen urteilen wird.
Im Credo bekennen Christen Sonntag für Sonntag: »Ich glaube an die Auferstehung der Toten und ein ewiges Leben.«
Der geschichtliche Jesus teilte, wie Markus 12,18-27 nachzulesen, die Hoffnung auf die Auferstehung der Toten. Er sollte mit einer Spottfrage von Seiten der Sadduzäer, die die Auferstehung von den Toten bestritten, dafür bloßgestellt werden. Seine Antwort: »Es gibt eine vergeistigte Auferstehung zu einem Leben ›wie die Engel‹.« Vor allem aber: »Gott ist kein Gott der Toten. Er ist ein Gott der Lebenden« (12,27). Nicht zu übersehen ist in diesem Zusammenhang das Wort Jesu Markus 1,15: »Die Zeit ist erfüllt. Das Reich Gottes ist herbeigekommen« – gewissermaßen ein Jenseits im Diesseits.

Der Messias wurde vom Tode erweckt - als Erster aller Entschlafenen. Und: Wie mit Adam alle Menschen sterben, so werden sie mit dem Messias alle lebendig gemacht werden.

Werden Tote nicht erweckt, so lasst uns essen und trinken, denn morgen sind wir dahin.

Vielleicht aber wird einer sagen: »Wie geschieht das, die Erweckung der Toten? Mit welchem Leib werden sie kommen?«

Nun, die Herrlichkeit der himmlischen Leiber ist eine andere als die der irdischen Leiber, die in die Erde »gesät« werden.

Gesät wird ins Verwesliche, erweckt aber wird ins Unverwesliche.

Gesät wird in Schwachheit, erweckt wird in Kraft.

Auch die christliche Überlieferung kennt (im Apostolischen Glaubensbekenntnis) die alttestamentliche Scheol, in der die Gestorbenen als »Schatten« auf ewig gottfern bleiben müssen.
Christus aber – zwischen Kreuz und Auferstehung »hinabgestiegen in das Reich des Todes« – befreit die verstorbenen Gerechten des Alten Testamentes (im Bild Adam und Eva voran) kraft seines Sieges über den Tod aus diesem hoffnungslosen Todesgefängnis. »Ich habe Macht über den Tod und die Totenwelt«, sagt er Offenbarung 1,18.
Das Bild zeigt Christus als den Auferstandenen, der das Totenreich aufsucht. Der Sieger über den Tod kann auch vom Tod befreien.
Mit dem riesigen geöffneten Teufelsrachen fließen christliche Höllenvorstellungen in das Bild ein. Eine ähnliche Vermischung von »Scheol«, der der Reiche rettungslos anheimfällt, und »Gehenna«, höllischen Feuerflammen, die ihn quälen, kennt die neutestamentliche Erzählung vom reichen Mann und armen Lazarus (Lukas 16,22 ff.).
Explizit erwähnt das Neue Testament den Aufenthalt Christi in der Totenwelt an zwei Stellen, in Matthäus 12,40 und 1 Petrus 3,19.

Christus in der Totenwelt. Schule von Savoyen, 15. Jahrhundert.
Musée des Beaux Arts, Chambéry.

Gesät wird ein natürlicher Leib, erweckt wird ein Leib, der ganz beseelt ist vom Geiste Gottes.
In einem Augenblick werden alle verwandelt sein, wenn die letzte Posaune ertönt.
Es muss sich ja das Verwesliche ins Unverwesliche kleiden, das Sterbliche in Unsterblichkeit. Und wenn das geschieht, dann gilt das Wort, das geschrieben ist:

Vernichtet ist der Tod. Vollkommen ist der Sieg.
Tod, wo ist dein Sieg? Tod, wo ist dein Stachel?

Wir wissen ja, wenn unser irdisches Haus abgebrochen wird, so haben wir von Gott her ein Haus – nicht erbaut von Menschenhand –, das unendlich in den Himmeln ist.
Voller Sehnsucht sind wir hier, in jenes Haus einzuziehen, in den himmlischen Leib, mit dem Gott uns bekleiden wird.
So sind wir guten Mutes, aus der Heimat hier in die himmlische Heimat Gottes zu kommen.
Doch alle müssen wir vor dem Messias erscheinen, vor seinem Richterstuhl. Und jeder wird das bekommen, was er im Leben bewirkt hat – Gutes oder Schlechtes.

Aus 1 Korinther 15,20-22.32-34.40-44.52-54; 2 Korinther 5,1-2.8.10

Christus, der Richter – Zeugnis des Johannesevangeliums

Erst das Christentum hat (wie später der Islam) ein Totengericht in den Mittelpunkt der Endzeit- und Jenseitserwartung gerückt. Was bei Paulus noch angedeutet ist, wird in den Evangelien, vor allem bei Matthäus (13,47-50; 25,31-46) breit entfaltet. Von jedem einzelnen Menschen wird Rechenschaft über seine Taten gefordert. Kriterien sind die »Früchte«, die er trägt (Matthäus 7,17-19).
An die Stelle Gottes als Richter tritt Christus. In 2 Korinther 15,10 heißt es: »Denn wir alle müssen vor Christus erscheinen, wenn er Gericht hält. Dann wird jeder bekommen, was er verdient, je nachdem, ob er in seinem irdischen Leben Gutes getan hat oder Schlechtes« (vgl. Apostelgeschichte 10,42).
In diesem Gericht, das Christus hält, kommt die Gerechtigkeit Gottes zur Geltung.

Nachfolgend wird die Passage, die im Johannesevangelium vom endzeitlichen Gericht, das der Vater dem Sohn überlässt, handelt, dargeboten. Johannes spricht den wahrhaft Gläubigen zu, dass ein diesseitiges »Ja« oder »Nein« zu Christus die Entscheidung eines zukünftigen Gerichtes bereits vorwegnehmen kann (Johannes 5,24).

Wie der Vater die Toten auferweckt
und ihnen das neue Leben gibt,
so gibt auch der Sohn das neue Leben,
wem er will.
Auch seine ganze richterliche Macht
hat der Vater dem Sohn übergeben;
er selbst spricht keinem das Urteil.

Wahr ists, was ich euch sage:
Wer mein Wort hört
und dem vertraut, der mich gesandt hat,
der hat unendliches Leben.
Und er kommt nicht ins Gericht,
denn er ist aus dem Tod ins Leben hinübergeschritten.
Wahr ists, was ich euch sage:
Es kommt die Stunde
– ja, jetzt ist sie da –,
da die Toten die Stimme des Gottessohnes hören werden;
und wer sie hört, wird leben.
Denn wie der Vater der Ursprung allen Lebens ist,
hat er auch dem Sohn die Macht gegeben,
Leben zu schenken.
Er hat den Sohn ermächtigt, Gericht zu halten,
weil er der Menschensohn ist.

Staunt nicht darüber.
Denn es kommt eine Stunde,
in der alle, die in den Gräbern sind,
seine Stimme hören.
Und wer Gutes getan hat, wird auferstehen
und in das neue Leben eingehen.
Wer aber Böses getan hat,
muss seine Verurteilung entgegennehmen.

Nichts kann ich aus mir selbst tun,
sondern ich richte, wie Gott es mir sagt.
Mein Gericht ist gerecht,
weil ich nicht meinen Willen suche,
sondern den Willen dessen, der mich gesandt hat.
Johannes 5,21-23.25-31

Schon die Bamberger Apokalypse zeigt um die erste Jahrtausendwende ein christliches Weltgericht. Im Hohen und Späten Mittelalter haben Giotto di Bondone, Jan van Eyck, Rogier van der Weyden, Hans Memling, Stefan Lochner, Hieronymus Bosch, Pieter Bruegel, Michelangelo und viele andere machtvolle Weltgerichtsszenarien (immer auf Matthäus bezogen) geschaffen.
Das Jüngste Gericht, Buchmalerei der Reichenau, Bamberger Apokalypse, um 1000.

Christen

Der Sohn hat das Richteramt. Wir sehen auf dem Holzschnitt Christus mit Maria und dem Gerichtsprediger Johannes (dem Täufer). Engel blasen die Posaunen zur Auferstehung der Leiber. Streng ist alles geschieden. Rechts unter dem Schwert am Haupte Christi die Verdammten in den Höllenflammen. Direkt aus dem Grab zieht ein Teufel sich einen Toten heran. Links unter der Lilie am Haupte Christi die gerecht gesprochenen Seligen. Petrus mit dem Schlüssel empfängt sie. Sie gehen ein in die Lichtwelt Gottes.
Holzschnitt aus Hartmann Schedels Weltchronik, Nürnberg 1493

Die Vorstellung von einem Gericht über die Toten findet sich erstmals im Alten Ägypten. Die Lehre davon war spätestens zu Beginn des Neuen Reiches (um 1500 v. Chr.) vollkommen ausgebildet. Hier bedient der schakalköpfige Totengott Anubis in der »Halle der Wahrheit« die Waage der Gerechtigkeit, die auf der rechten Schale die Feder der Göttin Maat (diese oben auf der Waage), auf der linken Schale das Herz des Toten trägt. Der ibisköpfige Schreibergott Thot rechts notiert das Ergebnis. Senkt sich die Schale zuungunsten des Toten, wird er der ewigen Verdammnis ausgeliefert und sein Herz von dem Ungeheuer Ammut rechts (Krokodilkopf, Löwenrumpf und Nilpferdhinterteil) verschlungen. Hat der Verstorbene das Urteil bestanden, wird er vor den Totengott Osiris (rechts anschließend vorzustellen, vgl. S. 24) geführt und darf des ewigen Lebens gewiss sein.

Papyrus des Hunefer, Ägypten, um 1350 v. Chr., British Museum, London.

Die paradiesischen Gefilde der Ägypter, durch- und umflossen vom himmlischen Nil, ermöglichen als Projektion hiesigen Daseins eine Lebensweise, die dem Besten gleicht, das die irdische Existenz zu bieten hat. Der selige Sed-nedjem und seine Frau rufen die Götter an, fahren Boot, ernten vom Weizen- und vom Binsenfeld, bringen Opfer dar und pflügen das Feld für eine neue Aussaat. Wasser gibt es reichlich. Eine üppige Vegetation wuchert. Die Landarbeit hat eine tiefe Symbolik: So wie das Korn aus der Erde zum Halm neu emporwächst, so ist der Tote ins Jenseits wiedergeboren (vgl. S. 30 f.).

Wandmalerei im Grab des Sed-nedjem, Deir el Medina, West-Theben, 19. Dynastie (1295–1186 v. Chr.).

Nordischer Gedächtnisstein mit einer Jenseitsdarstellung, die vom Odinskult zeugt. Die Struktur oben links bedeutet Walhall, das man sich als gewaltige goldene Halle mit einem Dach aus Schilden, mit Speeren als Gerüst, sowie 540 Türen, durch die jeweils 800 Krieger in die endzeitliche Schlacht von Ragnarök ziehen konnten, vorstellte. Von rechts kommt auf Odins achtbeinigem Pferd Sleipnir einer der gefallenen Krieger (oder Gott Odin selbst) geritten. Über dem Reiter eine fliegende Walküre mit Speer, vor ihm eine andere Walküre, die ihm ein mit Met gefülltes Horn darbietet. Das Wikingerschiff des unteren Teiles zeigt auf dem Schlachtfeld gefallene Krieger während ihrer Fahrt in die Jenseitswelt (vgl. S. 49 ff.).

Bildstein von Tjängvide, 8. Jahrhundert, Alskog, Gotland.

Mittelalterlich-christliche Vorstellung von Tod und Jenseits

Die Szene zeigt, wie der Erzengel Michael die Seelen vor ihrem Eintritt in Himmel oder Hölle wägt. Teufel versuchen, das Ergebnis zu ihren Gunsten zu beeinflussen. Die glückliche Seele wird von einem Engel ins Paradies, wo die Könige David und Salomo auf den göttlichen Herrn verweisen, getragen. Petrus steht an der Pforte. Unten aber sind die Seelen derer, die für zu leicht befunden wurden, den höllischen Mächten ausgeliefert. In einem riesigen Kessel werden sie über lodernder Flamme gekocht. Der Oberteufel, Herr der Unterwelt, sitzt rechts auf einem Thron.

Altarbild von St. Michael, Suriguerola, Spanien, 13. Jahrhundert.

»Seele, steig zu deiner Urheimat empor!« Als nackte Körper, die Hände erhoben oder im Gebet faltend, nähern sich die geläuterten Seelen, geleitet von Engeln, durch einen Lichttunnel einem überhellen transzendentalen Kreis (Empyreum), den zwei bereits erreicht haben. »Wir sind in einem Himmel reinen Lichtes. Es ist wie ein geistig Licht und voller Liebe, Liebe des wahren Gutes, voller Freude, und Freude ist es über alle Wonnen« (Dante, Göttliche Komödie, 30. Gesang – Empyreum; vgl. S. 82 ff.).

Oberer Teil der rechten Tafel der »Visione dell' aldila« von Hieronymus Bosch (1450–1516). Um 1502. Palazzo Ducale, Venedig.

Muslimisches Paradies

Auf seiner mythischen frauenköpfigen Stute Burāq reitet Mohammed, geleitet vom Erzengel Gabriel, unter Vogelgesang in den blühenden Paradiesesgarten, wo glutäugige Huri auf Kamelen sich die Hände reichen bzw. einander Blumensträuße entgegenhalten (vgl. S. 95 f.).

Illuminierte Handschrift Mirâj Nâmeh, Osttürkei, 15. Jahrhundert, Bibliothèque Nationale, Paris.

Das Bild zeigt das aztekische Regenwolkenparadies Tlalocan, wo Gott Tlaloc, Herr über Regen, Blitz und Donner, diejenigen erwartet, die ein gutes Leben geführt haben. Der Gott sitzt am Fuß eines prachtvollen Baumes. Aus seinen Händen fallen große Regentropfen, die Gesundheit schenken. Auf beiden Seiten setzen Priester Pflanzen in die feuchte Erde. Für die mexikanischen Bauern, die von Mais, Kürbis und Tomaten lebten, war das »Wasser, das vom Himmel strömt«, Sinnbild der Seligkeit. Unten tanzen, singen und spielen die von aller Not befreiten glücklichen Seelen. Einige fangen Schmetterlinge.

Vier Jahre bleiben die Seelen in Tlalocan, dem irdischsten der dreizehn aztekischen Paradiese. Danach werden sie zu einem neuen Leben auf der Erde wieder geboren (vgl. S. 147 ff.).

Fresko der Teotihuacan-Kultur, 1.–6. Jahrhundert n. Chr., Museo nacional de antropologia y historia, Mexiko-Stadt.

Das Bild zeigt den Buddha Amithāba (japanisch Amida) als Herrscher im glückhaften westlichen Paradies Sukhāvatī, dem »Reinen Land«, reich und gut darin zu leben, und erfüllt mit Göttern und Menschen. Zu Amithāba, dem Buddha des unendlichen Lichtglanzes und der mitfühlenden Spiritualität, beten die Gläubigen in ihrer Todesstunde, dass er sie in sein strahlendes Reich aufnehme.

In einem früheren Leben als König hatte Amithāba auf den Thron verzichtet, war den Weg der Erkenntnis gegangen und hatte die Buddhaschaft erlangt. Er versprach, ein Land zu schaffen, das alle Vollkommenheit in sich vereinen sollte (Sukhāvatī).

Amithāba sitzt auf dem Thron über der Lotosblüte. Seine Hände sind zur Meditation zusammengelegt. In seinem Schoß hält er den Almosentopf der Mönche. Seine Aureole weist die Merkmale der Vollendung auf. Umgeben ist er von Tempeln und Häusern, von glücklichen Göttern und Menschen (vgl. S. 112 ff.).

Gemälde, Gouache auf Baumwolle, Zentraltibet, um 1400.

Buddhistisches Totengericht in Japan

Emma-O ist im japanischen Buddhismus Totenrichter und zugleich Herr über die Hölle Jigoku.
Einer Legende zufolge befinden sich die Menschen nach ihrem Tode auf einer einsamen Reise über eine weite Ebene. Dann erklimmen sie einen steilen Berg, auf dessen Gegenseite sie auf einen Fluss mit drei Übergängen stoßen. Eine seichte Furt ist für die Menschen mit geringen Verfehlungen, eine breite Brücke für die gänzlich Sündlosen bestimmt. Ein dritter Übergang aber ist für schwere Sünder, die jenseits von einer schrecklichen Frau entkleidet werden. Wächter bringen sie vor den infernalischen Emma-O, vor dem sie niederknien müssen. Das Totengericht, vor dem sie sich befinden, ist das fünfte einer Serienfolge und findet nach der fünften Höllenwoche statt.
Rechts von Emma-O ist ein großer Karma-Spiegel, der die bösen Taten des Sünders offenbart. Einer der Oni, der gehörnten klauenfüßigen höllischen Dämonen, hält hier einen bösen Menschen beim Schopf und zeigt ihm seine Übeltaten. Links ist ein Böser in einer Waagschale – als Gegengewicht dient ein schwerer Steinbrocken –, von einem anderen Dämon mit Hammer bedroht, tief nach unten gesunken.
Vor sich hat der machtvoll thronende Totenrichter die Verdammungsliste liegen. Zwei Beamte rechts und links sind für das Aufzeichnen und Verkünden der Urteile zuständig. Rat für seine Entscheidungen holt sich Emma-O von zwei abgeschlagenen Köpfen – der eine rot, der andere weiß – in der Schale rechts oben. Der rote Kopf ist den bösen, der weiße den guten Taten zugeordnet.
Unterhalb der Gerichtsszene, unteriridisch gedacht, die Hölle Jigoku mit den neun Flammenhöllen für jeweils besondere Strafen. Die Verdammten werden von den Dämonen auf grässliche Weise malträtiert. Viele sind blutüberströmt. Fast alle versuchen den Flammen zu entkommen. Auf Herabstürzende warten Höllenmonster mit weit geöffnetem Rachen. Einem am Pfahl Gebundenen wird die endlos weit herausgezogene Zunge festgenagelt. Daneben wird ein anderer mit gewaltigem Hammerschlag auf einem Baumstumpf zerquetscht.
Doch es gibt auch Hoffnung. Links oben scheint ein dritter Beamter mit einem Dämon über den Menschen in den Flammen zu verhandeln. Vor allem, was hier nicht sichtbar ist: Nach Erleiden der Strafe kann der Gepeinigte mit Hilfe eines Bosatsu (eines japanischen Bodhisattva) zu einem neuen irdischen Leben wiedergeboren werden.

Buddhistische Hölle, Japanische Bildrolle, 11.–12. Jahrhundert, Horniman Museum, London.

Das himmlische Jerusalem – Die Offenbarung des Johannes

In der um 100 n. Chr. entstandenen großartig bilderreichen Offenbarung des Johannes, von einem unbekannten Seher auf der Insel Patmos geschrieben, wird das Jenseits als neuer Himmel und neue Erde im Bilde des himmlischen Jerusalems vorgestellt. In einer Ekstase ist dem Seher alles enthüllt worden. Nach vielen ausführlich geschilderten Schreckensvisionen beschreibt er am Ende seines Werkes das himmlische Jerusalem in all seiner Pracht und Herrlichkeit. Es ist der Lebensraum der Erlösten. Gemeines hat hier keinen Zutritt. Manches erinnert an das Paradies der Jüdischen Bibel (Genesis 2/3). So ist von einem Fluss lebendigen Wassers, klar wie ein Kristall (man denke an die Paradiesesströme), die Rede, ebenso von einem Baum des Lebens, der hier Monat für Monat neue Früchte trägt.
Die transzendente Herrlichkeit des himmlischen Jerusalems wird vermittels des Baumaterials der Stadt – Edelsteine, Gold, Perlen – beschrieben. Gottes Thron und der des Lammes (das Lamm ist Christus) ist inmitten dieser Stadt. Erleuchtet wird sie von der Herrlichkeit Gottes.
Die Offenbarung des Johannes entstand in der Situation einer Verfolgung der christlichen Gemeinden in Kleinasien unter Kaiser Domitian. Im Stil der Apokalypse wird diesen Christen Trost zugesprochen: Gott wird am Ende die irdische Macht besiegen.
Viele Texte späterer Zeit – bis ins Mittelalter hinein – greifen immer wieder auf die Bilder der Johannesoffenbarung zurück.

Der Seher spricht:
    Und ich sah einen neuen Himmel und eine neue Erde. Denn der bisherige Himmel und die bisherige Erde waren vergangen.
    Und die heilige Stadt, ein neues Jerusalem, sah ich sich herabsenken aus dem Himmel von Gott her. Und ich hörte eine gewaltige Stimme vom Thron her sagen:

> Da – das Zelt Gottes bei den Menschen.
> Ja, zelten wird er bei ihnen.
> Und sie werden sein Volk sein.
> Und er, Gott, wird bei ihnen sein.
> Und abwischen wird er jede Träne von ihren Augen.
> Und der Tod wird nicht mehr sein.
> Und Leid und Wehgeschrei und Not
> werden nicht mehr sein.
> Denn was einmal war, ist vergangen.

Und er, der auf dem Throne sitzt, spricht: »Da! Neu mache ich alles!

Und er sprach zu mir: »Ich bin das Alpha und das Omega, der Uranfang und das Ziel.«

Da kam einer von den sieben Engeln und hinweg trug er mich im Geist. Er trug mich auf einen hohen Berg. Und er zeigte mir die heilige Stadt sich herabsenkend aus dem Himmel – von Gott her.

Diese Stadt hat die Herrlichkeit Gottes. Ihr Lichtglanz ist wie Jaspisstein, kristallhell und strahlend.

Eine Mauer hat die Stadt, groß und hoch. Zwölf Tore hat die Mauer und auf den Toren zwölf Engel. Und die Mauer der Stadt ist gegründet auf zwölf Steinen mit den Namen der zwölf Apostel.

Und die Stadt ist als Viereck angelegt, ebenso lang wie breit. Der Unterbau der Mauer ist aus Jaspis. Die Stadt selbst ist aus lauterem Gold, durchscheinend wie Glas. Und die zwölf Grundsteine der Stadt sind mit allen Arten kostbarer Edelsteine geschmückt. Die zwölf Tore der Stadt aber sind aus Perlen, jedes der Tore eine Perle. Und die Hauptstraße der Stadt ist lauteres Gold, durchscheinend wie Glas.

Einen Tempel sah ich nicht in der Stadt. Denn der Herr, Gott, der Allumwaltende, ist selbst ihr Tempel, er und das Lamm (Christus) mit ihm.

Die Stadt braucht weder Sonne noch Mond, denn sie wird erleuchtet von der Herrlichkeit des Herrn.

Niemals kommt irgendein Gemeiner in die Stadt, nur, wer geschrieben ist ins Buch des Lammes.

Und der Engel zeigte mir einen Fluss mit dem Wasser des Lebens: Kristallhell bricht er hervor aus dem Thron Gottes und des Lammes. Und er fließt in der Mitte der Straße durch die Stadt.

Und auf beiden Seiten des Flusses wächst der Baum des Lebens. Zwölfmal trägt er Früchte im Jahr, einmal in jedem Monat. Und von den Blättern des Baumes werden die Völker geheilt.

Und der Thron Gottes und des Lammes steht inmitten der Stadt. Und Gottes Freunde dienen ihrem Herrn. Und sie sehen sein Angesicht. Sie brauchen die Sonne nicht und auch nicht den Mond. Denn Gott, der Herr, leuchtet über sie. Und sie werden Könige sein im All der Weltzeit.

Aus Offenbarung 21,1-27; 22,1-5

In Offenbarung 21,10-12 spricht der Seher Johannes: »In der Vision trug mich der Engel auf die Spitze eines sehr hohen Berges. Er zeigte mir die Heilige Stadt Jerusalem, die von Gott aus dem Himmel herabgekommen war. Sie strahlte die Herrlichkeit Gottes aus und glänzte wie ein kostbarer Stein. Sie war von einer sehr hohen Mauer mit zwölf Toren umgeben.
Einen Tempel sah ich nicht in der Stadt. Gott, der Herr der ganzen Welt, ist selbst ihr Tempel und das Lamm mit ihm. Gott leuchtet in der Stadt, und das Lamm ist seine Sonne« (21,22-23).
Der Engel zeigt dem Seher Johannes das Himmlische Jerusalem, Buchmalerei der Reichenau, Bamberger Apokalypse, um 1000.

Die christliche Jenseitsschau des Jesaja

Die so genannte Himmelfahrt des Jesaja, eine vermutlich aus dem 2. nachchristlichen Jahrhundert stammende apokalyptische Schrift des Urchristentums – eine Apokalypse bringt Enthüllungen über das Weltende oder das Jenseits – schildert in Kapitel 6-11 die Vision des Propheten von seiner Auffahrt durch die sieben Himmel jenseits des Firmamentes. Ähnlichkeiten mit der ekstatisch-visionären Jenseitsschau bei Henoch oder bei Paulus sind unverkennbar.
Der nachfolgende Text ist ein stark verkürzter Auszug aus Kapitel 6–10.
Folgende Ausgangssituation ist gegeben: Jesaja sitzt in einem königlichen Gemach auf dem Bett des Königs Hiskija (716–687) und wechselt mit ihm, umstanden von Fürsten, anderen Propheten und Menschen aus dem Volk, Worte der Wahrheit und des Glaubens.
Da geschieht es, dass plötzlich alle die Stimme des Heiligen Geistes vernehmen. Es ist Jesaja, der in diesem Geist redet. Und wiederum – plötzlich schweigt Jesaja. Danach fährt der Text fort:

Sein Bewusstsein wurde von ihm genommen, und er sah die Männer, die vor ihm standen, nicht mehr. Seine Augen waren geöffnet, sein Mund war stumm. Odem war noch in ihm: Er sah ein Gesicht.

Und der Engel, der entsandt war, ihn schauen zu lassen, gehörte nicht zu den Engeln dieser Welt, denn er war aus dem siebten Himmel gekommen. Und das Gesicht, das Jesaja sah, war nicht von dieser Welt, sondern aus der Welt, die allem Fleisch verborgen ist.

Und nachdem sein Bewusstsein wiedergekehrt war, erzählte Jesaja dies Gesicht dem Hiskija und allen, die vor ihm standen. Und er sprach: »Der Engel, der mich emporführte, besaß große Herrlichkeit und Würde. Und ich fragte ihn: ›Wer bist du? Wie ist dein Name? Wohin führst du mich aufwärts?‹

Er aber verweigerte seinen Namen und sprach: ›Wohin ich dich emportragen werde, das wirst du sehen. Du wirst einen sehen, der größer ist als ich, und er wird freundlich und ruhig mit dir reden.‹

Und er brachte mich hinauf über das Firmament. Das war der erste Himmel. Und ich sah einen Thron in der Mitte und rechts und links davon Engel. Und die zur Rechten besaßen eine größere Herrlichkeit als die die zur Linken. Alle aber lobsangen mit einer Stimme. Und der Engel sprach: ›Diese singen zum Preise dessen, der im siebten Himmel ist.‹

Und er ließ mich aufsteigen in den zweiten Himmel. Und wieder sah ich einen Thron und beiderseits lobsingende Engel. Nur war viel mehr Herrlichkeit im zweiten Himmel. Als ich aber niederfiel, um anzubeten, sprach der Engel: ›Bete nicht an, in keinem der sechs Himmel!‹

Und er brachte mich in den dritten Himmel. Und wieder sah ich den Thron und die Engel. Und die Herrlichkeit meines Antlitzes verklärte sich, je höher ich emporstieg. Und ich sprach: ›Nichts Eitles aus jener Welt wird hier genannt.‹

Und er trug mich weiter empor zum vierten Himmel. Und wieder sah ich den Thron und die lobsingenden Engel. Und ihre Herrlichkeit war noch größer.

Und er brachte mich in den fünften Himmel. Und wieder sah ich Engel zur Rechten und zur Linken und den, der auf dem Thron saß, mit größerer Herrlichkeit angetan als im vierten Himmel. Und ich pries den Unnennbaren und Einzigen, der in den Himmeln wohnt, und dessen Name unergründbar ist für alles Fleisch.

Und der Engel hob mich empor in den Luftkreis des sechsten Himmels. Und ich sah eine Herrlichkeit, wie ich sie im fünften Himmel nicht gesehen hatte. Und der Engel sprach: ›Hier gibt es keinen Thron und keine Engel, nur noch die Kraft des Unnennbaren, der im siebten Himmel ist. Und du wirst ein Kleid empfangen, und dann wirst du den Engeln im siebten Himmel gleich sein!‹ Und viel Licht war im sechsten Himmel, so hell, dass ich für Finsternis hielt jenes Licht, das ich in den fünf Himmeln zuvor gesehen hatte. Und ich freute mich und pries den, der solches Licht schenkt. Und der Engel sprach: ›Wenn du dich schon über dies Licht freust, um wie viel mehr wirst du dich freuen, wenn du im siebten Himmel das Licht sehen wirst, wo Gott ist.‹

Und er trug mich in den Luftkreis des siebten Himmels. Und es kam eine Stimme, die sprach: ›Es ist dem Jesaja erlaubt, bis hierher aufzusteigen. Und hier ist sein Kleid!‹ Und ich sah wunderbares Licht und Engel ohne Zahl. Und ich sah alle Gerechten von Adam an. Und sie waren wie die Engel. Aber auf ihren Thronen saßen sie nicht, noch waren die Kronen ihrer Herrlichkeit auf ihrem Haupte. Und ich fragte den Engel: ›Warum sind sie ohne ihre Kronen und ihre Throne?‹ Und er sprach zu mir: ›Erst wenn der Geliebte, der Christus, hinabsteigen wird und gekreuzigt wird und am dritten Tage aufsteigt bis in den siebten Himmel, dann werden sie ihre Kronen und Throne empfangen.‹

Und es geschah, da er noch mit mir redete, kam ein Engel, und er zeigte mir Bücher – aber nicht wie die Bücher dieser Welt –, und er öffnete sie, und ich las. Und siehe, die Taten der Kinder Israels waren darin aufgezeichnet. Und ich sprach: ›Wahrhaftig, es ist nichts verborgen im siebten Himmel von dem, was in dieser Welt geschieht.‹

Und ich sah einen dastehen, dessen Herrlichkeit alles übertraf. Und seine Herrlichkeit war groß und wunderbar. Und ich wandelte mich und wurde wie ein Engel. Da sprach der Engel, der mich führte: ›Den bete an!‹

Und ich betete an. Und ich sang das Lob.

Und der Engel sprach zu mir: ›Es ist der Herr aller Herrlichkeit, den du gesehen hast. Siehe, es war dir gegeben, Gott zu schauen.‹

Un der Engel sprach: ›Jesaja, Sohn des Amos, es ist genug für dich, denn das sind gewaltige Dinge. Du hast ja geschaut, was kein Fleischgeborener sonst geschaut hat. Und du wirst in dein Kleid zurückkehren, bis deine Tage erfüllt sind; dann wirst du hierher kommen.‹

Dies habe ich gesehen«, sprach Jesaja, und er erzählte es allen, die vor ihm standen. Und sie sangen Lob. Und Jesaja sprach: »Auch ihr sollt im Heiligen Geiste sein, damit ihr eure Kleider und die Throne und die Kronen der Herrlichkeit, die im siebten Himmel aufbewahrt werden, empfangt.«

Zeno von Verona – Befreiung des Geistes aus der Kerkerhaft des Leibes

Zeno, etwa 362–371 Bischof von Verona, über dessen Leben wenig bekannt ist, vertritt wie andere Kirchenväter die Vorstellung von einem Endgericht (vgl. Matthäus 24,29-31; 25,31-46). Im Hinblick auf die Auferstehung und die Unsterblichkeit der Seele stimmt er den Gedanken des Griechen Platon und anderer griechischer Philosophen, im Hinblick auf das Gericht dem Urteil griechischer Dichter zu.

Wer die Auferstehung leugnet, fällt damit von selbst über sein eigenes Leben das Todesurteil. Warum sollte ein Mensch verdienen, die Glückseligkeit der Zukunft zu schauen, von dem man sieht, dass er in frevelhaftem Unglauben Gott seine Allmacht abspricht? Aber jene, die das tun, tun es in Rücksicht auf ihre Freveltaten: Sie glauben, dass diese ungestraft bleiben, weil sie dieselben im Geheimen vollbringen. Würden sie ahnen, dass bereits der Tag des Gerichtes in seinem Kommen nahe sei, würden sie zweifellos die Dinge der Gegenwart hassen und die Dinge der Zukunft glauben und zugleich fürchten.

Es gibt ja doch niemand, der so wenig von der Weisheit dieser Welt gekostet hätte, dass er zu behaupten wagte, die Seele gehe zugleich mit dem Leibe unter, das Himmlische falle mit dem Irdischen dem Verderben anheim. Sagt doch der Weiseste der Griechen, Platon, es sei der Tod, wenn der Geist im Körper wie in einem Kerker eingeschlossen sei; und es sei das wahre Leben, wenn der Geist aus dieser Kerkerhaft befreit an den Ort zurückkehre, von dem er ausgegangen. Und wenn er so dachte, der Christus nicht kannte, warum sollte der Christ, der da hört, dass eine Auferstehung stattfinden wird, der an sie glaubt, der sie im Voraus mit Sicherheit annimmt, daran zweifeln, dass sie ihm von Christus bereitet sei?

Vor allem ist der Beweis zu führen, dass unsere Seelen nicht mit den Überresten ihrer Leiber und dem Zerfall dieser ihrer fleischlichen Wohnung beim ersten Tod ebenfalls sich auflösen, sondern dass je nach der Art ihrer Taten die einen in Orte der Strafe verwiesen werden, die anderen in Stätten der Ruhe Erquickung genießen. Dann erst kann man glauben, dass auch das wieder zur Auferstehung kommt, was in einer für jeden offenkundigen Weise nicht ganz untergeht.

Die Heiden, die das Letztere nicht glauben, eilen doch mit ihren unglückseligen Opfergaben zu den Gräbern und behaupten, dass ihre Toten, die sie in der Ruhe schweigender Nacht wissen, von ihnen zeitweise Speise verlangen: So zeugen sie für die Wahrheit einer Sache, die sie sonst verwerfen.

Die Philosophen haben Verschiedenes über die Seele gesprochen; aber in überzeugender Beweisführung, dass sie unsterblich sei, widerlegen sie die haltlosen Aufstellungen eines Epikur, eines Demokrit und anderer.

Richtiger noch als sie urteilen die Dichter, wenn sie einen doppelten Weg in der Unterwelt annehmen: einen Weg für die Gottlosen, der in den Tartarus, und einen Weg für die Frommen, der in das Elysium führt. Und wenn sie daran anschließend betonen, dass dort nicht so sehr die Gestalten, als vielmehr die Taten der Toten zur Kenntnis kommen und dass sie unbedingt ihren Lohn empfangen, entsprechend dem, was sie aus ihren Handlungen in der Welt mitbringen, so sprechen sie mit Recht: Jeder erduldet, was er selbst verdient hat.

Von der Auferstehung 16,1-2

Aurelius Augustinus – Ewige Seligkeit, ewige Qual

Anders als 150 Jahre vor ihm der bedeutende christliche Theologe Origenes (186–254) sagte: »Gott spricht im Endgericht keine Verdammung aus, vielmehr vesöhnt er Gut und Böse miteinander«, vertrat Augustinus (354–430), der größte Kirchenlehrer der christlichen Antike und entschiedener Verfechter der Erbsündenlehre, ein strenges Gericht, in dem dem Reich Christi hier glückliches Leben, dem Reich des Teufels dort ewiger Tod, beides endgültig, zugeordnet werden.

Wenn nach der Auferstehung das allgemeine Gericht gehalten und sein Urteil vollstreckt ist, werden die beiden Reiche, das Reich Christi und das des Teufels, ihr eigenes Gebiet haben. Das eine ist dann das Reich der Guten, das andere das Reich der Bösen.

Die einen haben dann nicht mehr den Willen, die anderen nicht mehr die Fähigkeit, irgendwie zu sündigen. Jede Möglichkeit zu sterben ist dann vorbei. Die einen leben im ewigen Leben ein wahres, glückliches Leben; die anderen bleiben unglückselig im ewigen Tode, ohne die Möglichkeit zu sterben: Für beide gibt es kein Ende mehr. In der Seligkeit wird der eine Selige vor dem andern einen Vorzug haben; auch im Elend der Verdammnis wird es dem einen Verdammten erträglicher sein als dem andern.

Handbüchlein für Laurentius, 29,111

Aurelius Augustinus – Gottes Weisheit an ihrer Quelle trinken

In seinem großen Werk über den »Gottesstaat« (eigentlich »Bürgergemeinde Gottes«), das in insgesamt 22 Büchern 413–426 erschien und in seinem zweiten Hauptteil eine breit angelegte Geschichtstheologie bietet, zeigt Augustinus u. a. gegenüber der Schönheit und den gottgegebenen Gaben der Natur im Diesseits die umso viel größere, unendlich vielfältigere Schönheit der Jenseitsgaben auf. Darüber hinaus wird der durch Christus Erlöste im Jenseitsreich eine Geistesverfassung im »vollfriedlichen Besitz der Tugend« genießen und nicht zuletzt Gottes Weisheit an ihrer Quelle trinken dürfen.

Bedenke all die Schönheit und Zweckmäßigkeit des Erschaffenen, die dem Menschen durch Gottes Freigebigkeit zu schauen vergönnt ist, obwohl er so großen Mühsalen preisgegeben, zu so großen Nöten verdammt ist! Woher die Worte nehmen, es erschöpfend zusammenzufassen? Die vielgestaltige und wechselnde Schönheit des Himmels, der Erde, des Meeres, die Fülle und wunderbare Pracht des Lichtes, die Sonne, der Mond, die Gestirne, die grünen Wälder, Farben und der Duft der Blumen, die geschwätzige und buntgefiederte Vogelwelt in ihrer reichen Zahl und Abstufung, die mannigfachen Erscheinungen der übrigen Tierwelt, von der die kleinsten Arten noch die meiste Bewunderung erwecken.

Doch all das sind nur Tröstungen für Unselige und Verdammte, nicht Belohnungen der Seligen. Worin werden erst diese bestehen, wenn schon jene Tröstungen so reichlich, herrlich und groß sind? Was wird Gott denen, die er zum Leben vorherbestimmt hat, geben, da er doch die genannten Güter auch denen gegeben hat, die er zum Tode vorherbestimmt hat?

Wenn diese Verheißung sich erfüllt, was werden wir dann sein, in welchem Zustand uns befinden! Welche Güter werden wir erhalten in jenem Reiche, da wir doch schon in Christi Tod für uns ein so kostbares Unterpfand erhalten haben! Welche Geistesverfassung, wenn der Mensch gar keine Leidenschaft mehr hat, keine, der er ergeben wäre, keine, der er erläge, keine auch nur, mit der er rühmlich kämpfte, ein Geist in vollfriedlichem Besitz der Tugend! Und das Wissen über alle Dinge, wie umfassend, wie herrlich, wie sicher, frei von allem Irrtum, überhoben aller Mühe, muß es da sein, wo man Gottes Weisheit an ihrer Quelle trinkt, mit höchster Seligkeit, ohne jede Schwierigkeit! Dazu die herrliche Verfassung des Leibes, der nun in jeder Hinsicht dem Geist ergeben sein und, von ihm belebt, keiner Nahrung bedürfen wird! Denn er wird nicht ein seelischer, sondern ein geistiger Leib sein, zwar dem Wesen nach Fleisch, jedoch ohne alle dem Fleisch anhängende Vergänglichkeit.

Gottesstaat 22,24

Johannes Chrysostomos – Von der Herrlichkeit ewigen Lebens

Johannes Chrysostomos (344–407), nacheinander Eremit, Diakon, Presbyter, dann 397 von Kaiser Arcadius zum Bischof von Konstantinopel berufen, später auf Betreiben intriganter Widersacher ins Exil geschickt, ist ob seiner kraftvollen bilderreichen Sprache, die auch heutige Menschen noch unmittelbar berührt, der berühmteste Prediger der Alten Kirche. Aus dem Exil schrieb er Briefe an seine Anhänger, sie zu trösten. 236 sind erhalten. Einer davon ist an Theodot gerichtet.

Johannes Chrysostomos schildert in diesem Brief mit Rückblick auf Jesaja 51,11 und Römer 8,21 ein endzeitliches christliches Paradies der Gemeinschaft mit Christus und den Engeln, ein Paradies der Verwandlung aller Kreatur in unverwesliche Leiber.

Paradies, ein Lehnwort aus dem Altpersischen, dort zunächst neutral »umzäunter Raum«, dann »Park«, »Garten«, geht in seiner religiösen Färbung auf die Septuaginta zurück, die griechische Übersetzung des Alten Testamentes, die den Garten Eden als Paradies (griechisch »paradeisos«) bezeichnet. Aufgrund der Vorstellung, dass sich Urzeit und Endzeit entsprechen, wird in der Apokalyptik Paradies schließlich zur Bezeichnung für die überirdische Wohnung der Seligen, den Aufenthaltsort der Gerechten (vgl. im Neuen Testament Lukas 23,43; 2 Korinther 12,4 – Paulus ins Paradies versetzt –, sowie Offenbarung 2,7).

Erwägen wir den Zustand jenes Lebens, soweit der Gedanke ihn fassen kann. Um ihn gebührend darzustellen, reicht unser Wort schlechterdings nicht aus, aber aus dem, was wir hören, wollen wir wie in einem Rätsel ein dunkles Schattenbild entnehmen. »Entwichen ist Trauer und Weh und Seufzen«, heißt es Jes 51,11. Was kann es da Seligeres geben als ein solches Leben? Dort hat man keine Armut zu fürchten und keine Krankheit. Dort sieht man keine Beleidiger und keine Beleidigten, keine Erbitternden und keine Erbitterten, keine Grollenden und keine Neider. Dort glüht in keinem die ungeordnete Begierde, keiner entbehrt des notwendigen Unterhaltes, keiner plagt sich um Amt und Macht. Denn der ganze Sturm der Leidenschaften in uns erlischt und verschwindet. Alles wird in Frieden und in Jubel und Freude sein, alles heiter und ruhig, alles Tag und Helligkeit und Licht, und zwar nicht nur ein solches wie unser jetziges, sondern eines, das um so viel heller ist, als dieses eine Lampe überstrahlt.

Dort gibt es keine Nacht, keine Wolkenzusammenballungen verdüstern dort den Lichtglanz, kein Sonnenbrand versengt den Leib; denn es gibt dort weder Nacht noch Abend, weder Frost noch Hitze, noch sonst einen Wechsel der Jahreszeiten. Dort tritt ein anderer Zustand ein, den nur die Erwählten erfassen werden. Dort gibt es kein Alter und nicht die Übel des Alters. Alles, was der Vergänglichkeit angehört, ist beseitigt; überall waltet die unvergängliche Glorie.

Und was noch größer ist als all dies: Wir werden immerdar die Gemeinschaft mit Christus genießen, bei den heiligen Engeln und Erzengeln und himmlischen Mächten. Schau den Himmel an und durcheile in Gedanken, was über dem Himmel ist. Denke an die Verwandlung der gesamten Kreatur. Denn sie wird nicht so bleiben wie jetzt: Sie wird viel herrlicher und glänzender werden. So groß der Unterschied ist zwischen dem Glanz des Bleies und des Goldes, um so viel wird der künftige Zustand besser und vorzüglicher sein als der gegenwärtige. Schon Paulus sagt: »Diese Schöpfung wird erlöst werden aus der Knechtschaft des Verderbens« (Römer 8,21). Weil sie jetzt noch mit Verwesung behaftet ist, widerfährt ihr manches, was solchen Leibern eben anhaftet; dann aber wird sie all das ausziehen und wird uns in unverwelklicher Glorie erscheinen. Die Schöpfung wird unverwesliche Leiber erhalten und selbst in einen besseren Zustand verwandelt werden. Nirgends herrscht Zwist und Widerstreit, die Eintracht der Schar der Heiligen ist vollkommen, weil alle immerdar gleichen Willens sind.

Brief an Theodot 11

Aurelius Augustinus – Das große Schauen, die ewige Feier

In den Büchern vom Gottesstaat (der nachfolgende Text ist redaktionell zusammengestellt) zeichnet Augustinus auch ein Jenseitsbild als neuen Himmel und als neue Erde (vgl. Jesaja 65,17; Offenbarung 21,1) sowie als neues Jerusalem (vgl. Offenbarung 21,10-14). Augustinus erinnert an die Seligpreisung Matthäus 5,8 – »Freuen dürfen sich alle, die ein reines Herz haben, denn sie werden Gott schauen« –, und er sieht den Genuss himmlischer Freuden als eine große Feier in unendlicher Freiheit. So verbinden sich ewige Schau und ewige Feier aufs engste. Hinzu kommt in einer Jenseitswelt, der kein Ende gesetzt ist, ewige Liebe und ewiger Lobpreis.

Dort werden wir schauen! – Was? – Nichts anderes als Gott. Unser Herz wird sich freuen. Die Verheißung des Evangeliums »Selig, die reinen Herzens sind, sie werden Gott sehen« wird sich an uns erfüllen.

Es wird ein neuer Himmel und eine neue Erde sein. Und wir werden Freude und Frohlocken darin finden. Siehe, Jerusalem wird eine Wonne sein. Und wir werden darin frohlocken und uns freuen in unserem Volk. Und man wird keinen Laut des Weinens mehr vernehmen.

So wird der freie Wille in den einzelnen unverlierbar sein, befreit von jedem Übel und ausgestattet mit allem Guten, unablässig die ewigen Freuden genießend. Ja, die Verherrlichung der Gnade Christi, durch dessen Blut wir erlöst sind, wird die größte Wonne für uns sein. Dadurch wird in vollem Maße der Aufforderung entsprochen werden: »Feiert und schauet – ich bin Gott.«

Von ihm wiederhergestellt und durch noch größere Gnade zur Vollendung geführt, werden wir auf ewig feiern, schauend, dass nur er Gott ist, und erfüllt von ihm, wenn er alles in allem sein wird.

Feiern werden wir und schauen, schauen und lieben, lieben und preisen. Ja, wahrhaftig, so wird es sein ohne Ende. Denn das eben ist unser Endziel, zu einem Reich zu gelangen, dem kein Ziel durch ein Ende gesetzt ist.

Gottesstaat 20,21; 22,30

Die Stadt Gottes – Eine mittelalterliche Paradiesesschilderung

Auf das Ausmalen des Jenseits als einer himmlischen Gottesstadt (gar eines üppigen Paradieses) haben die christlichen Kirchenväter verzichtet. Es gibt auch im Neuen Testament keinen Anhaltspunkt dafür. Das Jesuswort an den Schächer »Heute wirst du mit mir im Paradiese sein« (Lukas 23,43) entfaltet die Vorstellung nicht weiter. Auch wenn Jesus Markus 12,25 sagt: »Die Auferstandenen werden sein wie Engel in den Himmeln«, ist das sehr knapp. Das christliche Mittelalter aber ergeht sich dann, wie die nachfolgende Schilderung vom Anfang des 11. Jahrhunderts – eindeutig eine Paraphrase von Offenbarung 21,9-27 – zeigt, in schwelgerischen Ausmalungen.

> Die himmlische Stadt Gottes
> bedarf nicht der Sonne oder des Mondscheins
> zu ihrer Erleuchtung.

In ihr ist der Glanz Gottes,
der sie ganz erleuchtet
und allen zugute kommt.

Da ist die Herrlichkeit Gottes,
– der Tag ohne Ende –
die kostbare Leuchte der Stadt.

Die Stadt ist gebaut
aus den allerkostbarsten
Edelsteinen geistlicher Art
und aus himmlischen Perlen.
Die Grundfesten der Stadt,
ihre Tore und Mauern
sind die kostbaren Steine,
nämlich die vornehmsten Gottesstreiter
und das einmütige Heer
aller Heiligen,
die in Tüchtigkeit
und heiligem Leben
des Königs der Stadt
als Vasallenfürsten würdig sind.

Die Stadt ist im Viereck gebaut,
so steht sie ewig.
Auf den Mauern sind auch einzeln aufgezählt
alle Gottesfreunde,
die die vier Evangelien
nach der Regel steter Tugend
in gleicher Einmütigkeit
erfüllt haben.

Die Straßen der Stadt
deckt rotflammendes Gold;
das bedeutet, dass da über allem
die edle Liebe herrscht
und göttliche Weisheit
mit aller Gnade.

Die Stadt ist in ihrer goldenen Schöne
wie durchsichtiges Glas,
ganz durchscheinend
und durch und durch lauter.

Dort kennen sich,
ohne einander etwas zu verheimlichen,
die Himmelserben,
die die Stadt bewohnen
in lauterer Tugend,
frei von allem Bösen.
Dort herrscht die freigebigste Liebe
mit der Vollzahl
aller Tugenden
in dauernder Beständigkeit.

Dort hört der Engel
Jubelgesang nie auf,
der herrliche Lobpreis Gottes,
noch die geistliche Freude,
der wundervolle Wohlgeruch
aller göttlichen Gaben.

Dort ist das schön geschmückte Heer
in vollkommener Harmonie.
Ihren Dienst leisten sie
mit bereitwilligem Eifer.

Dort ist des Friedens Stätte,
aller Gnaden Wohnplatz.

Dort ist klare Erkenntnis
aller Dinge.
Alle Geheimnisse Gottes
sind ihnen offenbar.
Sie verstehen alle Künste und Wissenschaften
ihrem wahren Wesen nach;
die vergessen sie nie mehr,
ihr Gedächtnis lässt sie nicht im Stich.

Anonym, um 1064

Das himmlische Jerusalem nach der Johannesapokalypse und anderen Überlieferungen. Von den zwölf Toren sind in diesem bulgarischen Bild des 19. Jahrhunderts acht zu sehen. An einem Tor steht Petrus, dem nach Matthäus 16,19 die Schlüssel zum Himmelreich gegeben sind, mit vielen Seligen, die auf Einlass warten. Petrus schließt gerade auf. Innerhalb der Mauern der himmlische Garten mit Paradiesesbäumen und drei Strömen, die unten aus Mauerdurchlässen hervorschießen. Im Innenfeld links mit Kreuzstab der auferstandene Christus. Neben ihm Abraham (er hält in einem geweihten Tuch heimgekehrte Seelen), dann Isaak, dann Jakob, dieser wiederum wie Abraham mit einem ausgebreiteten Tuch voller Seelen.
Volkstümliche Wandmalerei aus dem Rila-Kloster in Bulgarien, 19. Jahrhundert.

Die Jenseitsvision des Iren Tundal

Die visionäre Himmelsreise des irischen Edelmannes Tundal ist zwischen 1148 und 1160 im Regensburger Schottenkloster von einem irischen Mönch aufgezeichnet worden. Sie wurde, schon damals in viele Sprachen übertragen, zur bedeutendsten und beliebtesten Visionserzählung des Mittelalters.
Üppig entfaltet sich die Jenseitswelt. Ein Engel geleitet Tundals Seele, indem beide Mauern, jeweils aus Silber, Gold und Edelgestein, überwinden, durch verschiedene Himmelsebenen – in einer davon ertönt die wunderbarste Musik – dorthin gelangen, wo sie »Ihn« erschauen. Hans Memling hat im 15. Jahrhundert in einer Altartafel des Sint-Jans-Hospitals in Brügge diese letzte Schau – Christus als thronender Endzeitherrscher, angebetet von Engeln, von den apokalyptischen Wesen, von Märtyrern, Patriarchen und Propheten – kongenial ins Bild gesetzt (vgl. Johannesoffenbarung Kapitel 4).

Ein Engel, ein Jüngling von schöner Gestalt, schöner als die Söhne der Menschen, begleitet Tundals Seele auf der Reise durch den Himmel.

Nachdem sie ein wenig emporgestiegen sind, erblicken sie eine Mauer von Silber. Ein Tor ist nicht da. Aber vermöge göttlicher Macht gelangen sie doch hinein. Sie erschauen einen blumigen Anger, auf dem sich Chöre von Männern und Frauen bewegen. Sie sind weiß gekleidet, wie in frisch gefallenen Schnee, auf den das Licht der Sonne fällt, und singen »Gloria«. Ein wunderbarer Duft erfüllt alles. Hier ist weder Nacht noch Traurigkeit. Hier wohnen die Seelen derer, die in guter Ehe gelebt haben, Familie und Haushaltung in Ordnung gehalten und den Armen reichlich gespendet haben. Hier möchte die Seele Tundals bleiben. Sie ist mit diesem Glück zufrieden. Aber der Engel spornt sie an: »Nein, du sollst die höheren Arten der Seligkeit sehen.« Nun steigen sie mühelos weiter hinauf.

Sie kommen zu einer Mauer von Gold. Auch diese passieren sie wunderbar ohne Schwierigkeit. Im Innern sind Sitze mit Gold und Edelsteinen ausgelegt und mit Seide bedeckt. Da sitzen Männer und Frauen in weißen Seidengewändern, und auf dem Haupt tragen sie goldene Kronen. Vor ihnen stehen Lesepulte. Darauf liegen Bücher mit goldenen Lettern. Aus ihnen lesen und singen die Seligen ihre Cantica.

Wie sich Tundals Seele nun umsieht, erblickt sie Feldlager und Zelte aus Purpur und feinem Linnen, von Gold und Silber und Seide in bunten Farben. Aus ihrem Innern erklingen die Töne von Saiteninstrumenten und Orgeln, Pauken und Harfen. Die Instrumente spielen von selbst ohne sichtbare Anstrengung der Seligen. Über ihren Häuptern hängen am Firmament Ketten von reinem Gold, dazwischen sind silberne Drähte. Daran hängen goldene Becher, Schalen, Zimbeln und Glöckchen. Zwischen diesen Drähten hindurch fliegen goldbeschwingte Engel und bringen durch ihr Vorbeistreifen die Ketten und Drähte und Metallstücke zum Klingen in süßer Musik.

Darauf erschaut die Seele Tundals einen riesigen Baum mit Blüten und Blättern und allerhand Früchten. Auf den Zweigen dieses Baumes sitzen Vögel aller Art. Aus der Erde sprossen Lilien und Rosen und würzige Kräuter. Unter dem Baum sitzen in goldenen und elfenbeinernen Zellen Männer und Frauen. Jede einzelne der heiligen Seelen trägt auf dem Haupt eine Krone und in der Hand ein Zepter. Ihre Kleidung ist wie die der Mönche und Nonnen. Der Baum ist ein Gleichnis der Heiligen Kirche. Die Leute, die unter ihm wohnen, sind die Verteidiger und Erbauer von Kirchen.

Alsdann kommen die Seele und ihr Begleiter zu einer hohen Mauer, die aus verschiedenen Edelsteinen: Kristall, Chrysolith, Chrysopras, Beryll, Jaspis, Hyazinth, Smaragd, Saphir, Onyx, Topas, Sardis, Ametyst, Türkis und Granat errichtet, und bei deren Bau Gold als Mörtel verwendet worden ist. Sie erklettern die Mauer und befinden sich in der Gegenwart der neun Engelhierarchien, der Patriarchen, der weißgekleideten Scharen der Märtyrer, der edlen Körperschaft der Propheten, der Jungfrauen, der Apostel, der Bekenner, und über allen erschauen sie Ihn, der die Nahrung der Engel ist und das Leben aller Dinge. Und von diesem Punkte aus können sie alle Wonne und Herrlichkeit, die sie vorher einzeln schon gesehen haben, gebündelt überschauen, und den ganzen Erdkreis wie unter einem Sonnenstrahle aufleuchten sehen.

Aus dem Schottenkloster in Regensburg, 12. Jahrhundert

Dante Alighieri – Das Paradies

Dante Alighieri (1265–1321) schrieb mit der Göttlichen Komödie (»Divina Commedia«, um 1307 begonnen) ein episches Gedicht, das in einzigartiger Weise individuelles Leiden sowie Bildungshorizont und geistige Ordnung des späten Mittelalters spiegelt. Im eigens erfundenen Dreireim der Terzine geschrieben, besteht es aus drei Teilen (Inferno/Hölle, Purgatorio/Fegefeuer, Paradiso) mit je 33 Gesängen und einem einleitenden Gesang. Es schildert eine visionäre Wanderung des Dichters, der sich als sündigen Menschen sieht, durch die drei Reiche des Jenseits. Durch Hölle und Fegefeuer begleitet ihn dabei Vergil als Vertreter von Vernunft und Philosophie; im Paradies dann führt ihn Beatrice, Sinnbild des Glaubens und der Theologie, bis hin zur unmittelbaren Schau Gottes.

Dante schildert das Paradies als einen Ort der Engel und Heiligen, da das Universum lächelt, da das Licht wie ein großer Strom zwischen Ufern hin blitzt, da überall ein Farbenfrühling blüht, da Liebesgewalt im Kreis die Sonne und alle Sterne führt.

»Komödie« heißt das Werk, weil das Ende mit dem Aufgang zur Seligkeit hin ein heiteres ist. Gegenstand des Ganzen aber ist der Zustand der Seelen nach dem Tode, wie sie je nach Schuld und Verdienst der göttlichen Gerechtigkeit unterliegen.

»Dem Vater, Sohn und Heiligen Geiste, Gloria«,
ertönte es im ganzen Paradies
so lieblich, dass mich der Gesang berauschte.
Und was ich sah, war wie ein einzig Lächeln
des Universums. Trunkenheit erfüllte,
durch Ohr und Auge dringend, mein Gemüt.
Unsagbar war der Jubel und die Freude,
ein ganzes Leben voller Lieb und Frieden,
ein sichrer Reichtum ohne Gier und Angst!

So wie ein jäher Blitz die Lebensgeister
des Augs verscheucht, dass keine Sehkraft mehr
für noch so starke Bilder übrig bleibt,
umbrandet mich lebendig Licht
und band und hüllt' mich ein in einen Vorhang
von Feuer, dass mir gar nichts mehr erschien.
»Die diesem Himmel Ruhe gibt, die Liebe,
empfängt die Kommenden mit solchem Gruß,
auf dass die Kerze besser Feuer fange.«

Kaum waren diese kurzen Worte mir
ins Innere gedrungen, als ich merkte,
wie's mich emporhob über meine Kraft.

Ein neues Sehen lichtete sich mir,
so dass kein noch so heller Glanz mir mehr
gefährlich für die Augen werden konnte.

Und Licht sah ich wie einen großen Strom,
der floss und blitzte zwischen Ufern hin,
wo rechts und links ein Farbenfrühling blühte.
Es spritzten rasche Funken aus den Wellen
und sprühten nieder auf die Blumen alle
und leuchteten im Golde wie Rubinen.
Sodann, als wären sie vom Dufte trunken,
sprangen die Funken in die Wogen wieder
und stäubten hin und her vom Strom zum Ufer.
Es ist ein geistig Licht und voller Liebe,
Liebe des wahren Gutes, voller Freude,
und Freude ist es über alle Wonnen.

Du Abglanz Gottes, der das Siegesfest
des wahren Reiches mich hast schauen lassen,
gib mir die Kraft zu sagen, wie ich's schaute.
Es dehnt sich aus in einer Kreisgestalt,
so mächtig, dass sein Strahlenring zu weit
sogar als Gürtel für die Sonne wäre.
Nähe und Ferne machen dort nichts aus,
denn wo der Herrgott unvermittelt waltet,
hat keine Geltung das Naturgesetz.

Um diese Mitte schwebten festlich jubelnd
auf breiten Flügeln mehr als tausend Engel,
und jeder schillerte in andrem Schmuck.
Zu ihren Spielen, ihren Liedern sah ich
ein Lächeln auf dem schönsten frohen Antlitz,
das all die andern Heiligen beglückte.

Der heilige Lichtstrahl, dem ich standhielt, hätte
mit seiner Schärfe, glaub ich, mich zerstört,
hätt' ich die Augen von ihm abgewandt.
Und ich erinnre mich, wie umso kühner
ich dann das Licht ertrug, bis endlich sich
mein Schauen dem Unendlichen verband.

Dante hat auf seiner visionären Wanderung die neun Höllenkreise, den Läuterungsberg und die Himmelssphären des Paradiso durchschritten. Jetzt, am Ziel, schaut er mit Beatrice wie trunken und lichtumbrandet in einer endlos sich dehnenden Kreisgestalt die Unzahl der geflügelten Seligen. Im Angesicht Gottes frohlockend, bilden sie eine mystische Rose, in deren Zentrum die Liebesgewalt der ewig-göttlichen Sonne aufstrahlt.
Illustration zu Dantes Paradiesesvision von Gustave Doré, 19. Jahrhundert.

Du überreiche Gnade gabst mir Mut,
ins ewige Licht den Blick so tief zu senken,
dass mir das Schaun gelang - bis zur Erschöpfung.
In seiner Tiefe sah ich innerlich
in *einem* Liebesbunde, was sich draußen
im Universum auseinander faltet.

Du ewig Licht ruhst in dir selbst allein,
verstehst, erkennst dich, bist erkannt, verstanden
in dir und lächelst dir in Liebe zu.

Dem Rechner gleich, der seine Kräfte sammelt,
um einen Kreis zu messen, und's nicht findet,
und auf den Lehrsatz sinnt, der nötig wäre,
so wollt ich an dem neuen Bild begreifen,
wie hier zum Kreis das Menschenangesicht
sich einigte und wo's zusammenhängt.
Doch dazu reichten eigne Flügel nicht -
bis plötzlich mir der Geist getroffen wurde
von einem Blitzstrahl, der dem Sehnen half.
Der hohe Flug des Schauens brach; schon aber
war jeder Wunsch und Wille mir ergriffen
von Liebesallgewalt, die still und einig
im Kreis die Sonne führt und alle Sterne.

Dante Alighieri, aus dem 27., 30. und 33. Gesang der Göttlichen Komödie

Heinrich Seuse – Ich hatte keine Wünsche mehr

In einer ekstatischen Entrückung (wie bei Paulus) schaut der junge Mönch Heinrich (1295–1366), später einer der großen Mystiker des deutschen Mittelalters, den Glanz des Paradieses, spürt die Seligkeit himmlischen Lebens, ist ohne jedes Leiden von tiefster Freude erfüllt.
Mystik ist die gänzlich sich entäußernde Vereinigung der Seele mit Gott als stille, ruhige Empfindung, eine Vereinigung, die eigenem Willen entsagend, nur noch den Willen Gottes erfüllen möchte. Mystik, Heinrich Seuses Selbstzeugnis macht es deutlich, ist wie ein Schweben in Gott, immer voller Sehnsucht, immer eine paradiesisch süße Gottesnähe.

Als ich noch ein junger Mönch war, geschah es mir einst am Tag der heiligen Agnes, dass ich, als der Konvent das Mittagsmahl beendet hatte, in den Chor kam. Ich war da allein und stand im Gestühl des rechten Chors.

Damals hatte ich ein besonders schweres Leiden zu tragen. Als ich so ohne Trost dastand, wurde meine Seele verzückt; ob ich im Leib oder außer ihm war, weiß ich nicht. Da sah und hörte ich, was niemand aussprechen kann. Das Herz war voll Sehnsucht und doch still und erfüllt, ich hatte keine Wünsche mehr. Ich tat nichts als in den Glanz zu schauen, der vor mir aufging, und ich habe mich und alle Dinge vergessen.

Ob es Tag war oder Nacht, wusste ich nicht. Alle Süßigkeit des himmlischen Lebens brach herein in eine stille, ruhige Empfindung. Ich sagte damals: Wenn das nicht das Himmelreich ist, dann weiß ich nicht, was es ist, denn alles Leiden kann diese Freude nicht verdienen. Diese ekstatische Entrücktheit währte wohl eine Stunde oder eine halbe.

Als ich wieder zu mir kam, war mir, als käme ich aus einer anderen Welt. Ich war bei normalen Sinnen und niemand sah oder merkte etwas an mir, aber meine Seele und meine Sinne waren voll des Wunders. Mir war, als schwebte ich. Meine Seele war von süßem Duft erfüllt, und dieser Duft blieb mir danach lange Zeit, und es blieb mir für immer die Sehnsucht nach Gott.

Heinrich Seuse (Textfassung Jörg Zink)

Die Jenseitsvorstellung des Zarathustra

Im Weltbild des Zarathustra (638–551 v. Chr.) gibt es Recht- und Falschgläubige, die nach ihrem Tod dem Gericht Ahura Mazdas, des höchsten Gottes der iranischen Religion, anheimfallen.
Auf der Richterbrücke wird Rechenschaft über das Leben und Tun in der körperlichen Welt (vgl. das Endgericht im Neuen Testament) gefordert. Die Falschgläubigen erwartet ein tiefer Abgrund. Die Rechtgläubigen aber, für rein befunden, werden von Erzengeln ins Paradies des Ahura Mazda, wo man kein Leid kennt, in die Wohnungen anderer Rechtgläubiger, die ihnen vorangingen, geleitet.
Mithra ist im Iran Licht- und Sonnengott, der Fruchtbarkeit, Weisheit und Siegeskraft verleiht.
Der Vendidad war der letzte Teil der späteren Schriftensammlung der Avesta, dem heiligen Buch Zarathustras. Er entstand nach der Eroberung Persiens durch die Griechen Alexanders des Großen im 4. Jahrhundert v. Chr.

Und es sprach Ahura Mazda, der weise Herr, der gute und höchste Gott: »Nachdem der Mensch gestorben und seine Zeit abgelaufen ist, schneiden die bösen Devs (Dämonen) seinen Lebensfaden, an dem die Seele während der drei ersten Tage nach dem Tode noch hängt, ab.

Wenn in der dritten Nacht der Morgen graut und die leuchtende Morgenröte aufgeht und der Gott Mithra mit seinen schönen Waffen über den Bergen, auf denen die wahre Glückseligkeit wohnt, heraufkommt, dann führt der Dev namens Vizaresha, o Zarathustra, die Seelen der falschgläubigen Devverehrer gebunden fort. Sie gehen den in der Urzeit geschaffenen Weg, der sowohl für die Falschgläubigen wie für die Rechtgläubigen ist, zur Richterbrücke, die ich, Ahura Mazda, machte.

Hier wird von dem Bewusstsein und der Seele Rechenschaft über das Leben und Tun der Wesen in der körperlichen Welt gefordert. Gericht ergeht. Die Falschgläubigen werden von der Brücke in einen tiefen Abgrund gestürzt. Die Rechtgläubigen aber gehen über die Brücke auf den Weg der himmlischen Heiligen.

Dann erhebt sich Vohu mana (›Gutes Gewissen‹), ein Erzengel, von seinem goldenen Sitz und spricht: ›Nun seid ihr hierher gekommen, ihr Rechtgläubigen, aus dem leidvollen Leben zu dem leidlosen Leben.‹«

Iran

Die nach dem Wägen der Seelen zum Guten bzw. zum Bösen jeweils breite oder messerscharfe Cinvatbrücke (rechts oben) ist hier *breit* dargestellt, mit Seligen auf dem Weg ins himmlische Jenseitsreich, während Verdammte bereits in den feurigen Höllenschlund abgestürzt sind.
Volkstümliche persische Miniatur, Bibliothèque Nationale, Paris.

Für gut befunden, gehen die Seelen der Rechtgläubigen weiter zu den goldenen Thronen des Ahura Mazda und der unsterblichen Heiligen (der Erzengel). Sie gehen zum Paradies, der Wohnung des Ahura Mazda, zu den Wohnungen der unsterblichen Heiligen und der anderen Rechtgläubigen. Jeder Rechtgläubige ist nun für rein befunden.
Vendidad 19,18-23

Die Begegnung der Seele mit ihrem Daena

Im Avesta, dem heiligen Buch Zarathustras, wird ein Jenseits geschildert, das nur positiv ist. Als Zarathustra seinen Gott Ahura Mazda nach dem Verbleib der Seelen der Verstorbenen in den ersten drei Nächten befragt, erfährt er, dass die Seelen von Menschen, die gerecht gelebt haben, sich am Ende der dritten Nacht in einem von Blumen und Düften erfüllten Bereich dauerhaften Glücks wiederfinden. Hier kommt ihnen ihr personifiziertes eigenes gutes Bekenntnis (ihr Daena) in Gestalt eines wunderschönen Mädchens entgegen (der Vergleich mit den Huri im Paradies der Muslime liegt nahe).

Zarathustra fragt den höchsten Gott: »Ahura Mazda, heiligster Geist, Schöpfer der körperlichen Welt, wenn ein Gerechter stirbt, wo weilt seine Seele die erste Nacht?«

Es antwortet Ahura Mazda: »Den Tag über bleibt sie in seinem Kopf und rezitiert das Wort: ›Heil dem, der jemandem zum Heil ist! Ihn wird Ahura Mazda in seinem Herzen annehmen‹. In dieser Nacht erfährt die Seele mehr Freude als alle Freude der Welt. Ebenso die zweite und dritte Nacht.

Wenn aber die Morgenröte heraufkommt am Ende der dritten Nacht, dann ist die Seele des Gerechten versetzt zu Blumen und Düften. Vom Süden her wehen ihr duftende Winde entgegen. Und die Seele der Gerechten atmet sie ein: ›Wo kommt der Wind her, den ich da atme, der schönste, den ich je empfand?‹

Und in diesem Winde kommt ihr entgegen die eigene Daena in Gestalt eines Mädchens, herrlich und strahlend, mit glänzenden Armen, wohlgewachsen, mit hohen Brüsten, edelgeboren, fünfzehnjährig an Wuchs und so schön wie das schönste aller Geschöpfe.

Die Seele des Gerechten redet sie an: ›Wer bist du, schönstes unter den Mädchen, die ich je sah?‹

Da spricht sie, die sein gutes Bekenntnis ist, zu ihm: ›Ich bin, du Mann von guten Gedanken, Worten und Taten, deine gute Religion, dein eigenes persönliches Bekenntnis. Jeder hat dich lieb um deiner Größe und Schönheit, um deiner Stärke und Güte willen. Und du hattest mich, dein gutes Bekenntnis, lieb, du Mann von guten Worten und Werken und von guter Religion. Wenn du auf Erden jemanden sahst, der Spott oder Götzendienst verübte, der sich seiner Liebespflicht entzog oder sein Korn in der Scheune verschloss, dann setztest du dich nieder bei ihm und sagtest die Gâthâs, die heiligen Lieder, und du gabst Spenden an die guten Wasser und an das Feuer des Ahura Mazda. Alle Gerechten, ob von nahe oder von ferne, stelltest du zufrieden.

Du hast mich, die ich geliebt war, noch beliebter gemacht. Du hast mich, die ich schön war, noch schöner gemacht. Du hast mich, die ich begehrenswert war, noch begehrenswerter gemacht. Du hast mich, die ich hochgesetzt war, noch höher gesetzt – alles durch deine guten Gedanken, durch gute Worte und Taten.‹

Der erste Schritt, den die Seele des Gerechten tut, führt sie zur Stätte der guten Gedanken, der zweite zur Stätte der guten Worte, der dritte zur Stätte der guten Werke, der vierte zu dem unendlichen Licht.

Und früher verstorbene Gerechte reden die Seele dieses Gerechten an: ›Wo kommst du her – von der körperlichen Welt zu der geistigen, von der vergänglichen Welt zu der unvergänglichen, vom wankelmütigen zum dauerhaften Glück, wo kommst du her?‹«

Da spricht Ahura Mazda zu ihnen: »Fragt ihn nicht mit Fragen, ihn, der den langen beschwerlichen Weg gemacht hat, die Trennung der Seele vom Leib!«

Und es wird Essen vorgesetzt, Frühlingsbutter, Speise nach dem Tode, ebenso ihm, dem jungen Mann von guten Gedanken, Worten und Werken und von guter Religion, wie der Frau, die überreich ist an guten Gedanken, Worten und Werken, die gut unterrichtet ist und gehorsam gegen ihren Ehemann und gerecht.

Aus dem Jüngeren Avesta (Yast 22) des Zarathustra

Die islamischen Jenseitsvorstellungen nach dem Koran

Mohammed (570–632 n. Chr.) hat sich immer wieder mit dem Thema vom Endgericht und dem, was die Seele nach dem Tod im Paradies bzw. in der Hölle erwartet, befasst. Viele Suren des Koran sprechen davon – mal beiläufig, mal ausschließlich. Deutlich ist, dass Mohammed, auch wenn er allem durch sein schöpferisches Genie einen neuen Charakter verlieh, auf die jüdisch-christlichen Überlieferungen zurückgriff: Gerichtstag, Teilung zur Rechten und zur Linken, das kennen auch Juden und Christen.
Am »Tag der Abrechnung« (so der Koran Sure 38,53) wiegt Allah auf der Himmelswaage die guten wie die schlechten Taten der Verstorbenen gegeneinander auf, und zwar mithilfe der Bücher, in denen sie verzeichnet sind. Das Urteil, das er fällt, ist souverän und weise.
Der nachfolgende Text sieht neben denen, die im Gericht endgültig der Hölle (dem Feuer) verfallen, und denen, die ins Paradies eingehen dürfen, noch eine dritte Gruppe. Es sind die Vorausgegangenen, die Vorfahren, die in seinen Gärten Allah am nächsten sein dürfen.
Höllenstrafen werden denen zur linken Hand auch deshalb zuteil, weil sie im Diesseits neben ihren Freveltaten auch die Auferstehung leugneten. Die »Gefährten der rechten Hand« aber erfreuen sich aller Wonnen des Paradieses. Sie vernehmen den Ruf »Heil! Heil!« und dürfen sich als gleichaltrige Gatten den Jungfrauen mit den großen schwarzen Augen, den Huri, hingeben.

Wenn der unvermeidliche Gerichtstag eintrifft, dann wird keine Seele mehr sein Eintreffen leugnen. Er erniedrigt und erhebt. Wenn die Erde heftig erschüttert wird, die Berge in Stücke zerschmettert und zu dünnem, umherfliegendem Staub werden, dann werdet ihr in drei Klassen eingeteilt: Gefährten der rechten Hand – wie glücklich sind die Gefährten der rechten Hand! –, Gefährten der linken Hand – wie unglücklich sind die Gefährten der linken Hand! – und diejenigen, die anderen im Guten vorangegangen sind; die werden ihnen auch im Paradies vorangehen. Sie werden Gott am nächsten sein und in wonnevollen Gärten wohnen. Die meisten kommen aus früheren Zeiten, nur wenige aus den späteren. Sie werden auf Kissen ruhen, die mit Gold und edlen Steinen ausgeschmückt sind, wo sie sich gegenübersitzen. Jünglinge in ewiger Jugendblüte werden die Runde machen mit Bechern, Kelchen und Schalen voll von Wein, der keine Kopfschmerzen verursacht und den Verstand nicht trübt, und mit Früchten, die sie auswählen, und Fleisch und Geflügel, wie sie es nur wünschen können. Sie bekommen Jungfrauen mit großen schwarzen Augen, die Perlen gleichen, die noch in ihren Muscheln verborgen sind. Dies ist der Lohn für ihr Tun. Weder eitles Geschwätz noch Anklagen wegen Sünden werden sie dort hören, sondern nur den Ruf: »Heil! Heil!«

Und die Gefährten der rechten Hand – wie glücklich sind die Gefährten der rechten Hand! – sitzen an dornlosen Lotusbäumen und schön geordneten Akazien, unter ausgebreiteten Schatten, an immer fließendem Wasser und mit Früchten im Überfluss, die nie vermindert oder verboten werden. Sie liegen auf erhöhten Kissen, und Huri stehen zu ihren Diensten, die wir durch eine besondere Schöpfung geschaffen haben. Wir haben sie zu Jungfrauen gemacht, die ihre gleichaltrigen Gatten stets heiß lieben werden. Dies widerfährt den Gefährten der rechten Hand, von denen viele aus der früheren und viele aus der späteren Zeit sein werden.

Die Gerechten sollen im wonnevollen Paradies wohnen, auf Ruhekissen sitzen und umherblicken. Auf ihren Gesichtern kann man die freudige Heiterkeit wahrnehmen. Zu trinken bekommen sie vom reinsten versiegelten Wein, dessen Siegel aus Moschus besteht und der mit Wasser aus Tasnim vermischt wird. Dies ist eine Quelle, aus der diejenigen trinken, die Gott nahe sind.

Die Gefährten der linken Hand aber – und wie unglücklich sind die Gefährten der linken Hand! – befinden sich in brennenden Winden, in siedend heißem Wasser und im Schatten von schwarzem Rauch, der weder kühl noch angenehm ist. Denn vordem haben sie die Lust der Welt genossen, beharrten hartnäckig in ihrem Frevelmut und sagten: »Werden wir, nachdem wir Staub und Knochen geworden sind, wieder auferstehen? Werden auch unsere Vorfahren wieder auferstehen?« Antworte: »Jawohl! Die Früheren und Späteren werden zur bestimmten Zeit an einem bestimmten Tag versammelt. Dann werdet ihr, die sich dem Irrtum hingegeben und die Auferstehung geleugnet haben, von der Frucht des Baumes Sakkum essen und euren Bauch damit füllen. Dann müsst ihr siedend heißes Wasser so trinken, wie ein durstiges Kamel zu trinken pflegt. Dies ist eure Behandlung am Tag des Gerichts.«

Eine jede Seele ist verantwortlich für ihre Handlungen. Die Gefährten der rechten Hand, die in wundervollen Gärten wohnen, fragen dann die Frevler: »Was hat euch denn in die Hölle gebracht?« Sie antworten: »Wir haben nicht das Gebet verrichtet und nicht die Armen gespeist, sondern uns mit eitlen Dingen und Geschwätz beschäftigt und den Tag des Gerichts geleugnet, bis der Tod uns überkam.«

Keine Fürsprache eines Fürsprechenden kann dann mehr helfen. An diesem Tag überblickt der Mensch die Taten, die seine Hände vorausgeschickt haben. Der Ungläubige ruft aus: »Oh wäre ich doch Staub!«

Sure 56; aus Sure 74, 78, 83

Das Bild zeigt, wie Mohammed auf seiner Nachtreise mit seinem Pferd Burāq, geleitet vom Erzengel Gabriel, auch die islamische Hölle (Gehenna) erreicht. Die gefesselten Sünder in den Flammen – wiederholt redet der Koran von der Glut des Höllenfeuers, in der die Elenden schmoren – werden für Heuchelei, ein besonders schweres Vergehen, bestraft. Malik, der Fürst der Finsternis (oben), schleudert seinen Flammenatem gegen Gabriel.
Illuminierte Handschrift Mirâj Nâmeh, Osttürkei 15. Jahrhundert, Bibliothèque Nationale, Paris.

Die Huri

Die Huri, jene in besonderer Schöpfung erschaffenen blütengleich schimmernden jungfräulichen Mädchen – sie spielen eine zentrale Rolle in der Paradiesesvorstellung der Muslime – verschenken ihre Liebe Tag für Tag an ihnen gleichaltrig gewordene selige Männer, die auf Erden willig den Lehren Allahs folgten. Immerwährende Liebkosungen, immerwährende Liebeslüste sind diesen Männern gewährt. »Huri sind für euch ins Zelt gelegt«, heißt es Sure 55,72. Unaufhörlich verschenken die Huri ihre Liebe und sind doch an jedem neuen Tag wieder ganz unberührt.
Muslimische Dichter können nicht genug die strahlende Schönheit der Huri preisen, ihre dunkelglühenden Augen, ihre schneeweiße Haut, ihren Leib aus Safran, Moschus, Ambra und Kampfer, ihren unnennbaren Duft.
Ein eher finsterer Aspekt: Viele der gegenwärtigen islamischen Selbstmordattentäter glauben, dass sie sich nach ihrem Tod unmittelbar in den Armen der Huri wiederfinden werden.

Im Paradiese des Propheten hausen
die schönsten Frauen, welche Allah schuf,
um die Erwählten würdig zu belohnen,
die auf der Erde seiner Lehre folgten.
Und Huri werden diese Frau'n genannt.

An jedem Tage, unermüdlich, bieten
den Männern sie in seliger Umarmung
den Atem ihres jungfräulichen Wesens
mit aller Liebe, aller Sehnsucht dar.

An jedem Tage, wenn die Morgenröte
kommt, haben sie für ihre Liebsten
durch Allahs große Gnade eine neue
Jungfräulichkeit zu neuem Glück bereit.

Sie sind so unberührt an jedem Morgen,
als ob ihr Herz noch niemals Liebe fühlte,
als ob ihr Sinn nicht wüsste, was denn Liebe
bedeuten will, – und die Erinnerung an
vergangner Nächte Lust schwand ihnen ganz.

Vor kurzem hatt' ich einen holden Traum
von jenem Paradiese Mohammeds.

Und meine Augen sahen – wie im Traum
von einem Traum – die schimmernden Gestalten
der jungen Mädchen, die man Huri nennt.

Wie herrlich waren sie! Waren es wirklich
nur Mädchen? Sie erschienen mir wie Blüten
des Apfelbaums, wie goldne Sonnenstrahlen.
Wie Düfte schwebten sie dahin, wie Sterne.
So weiß wie Schnee, wie Milch war ihre Haut ...

Volkslied aus Georgien

Mohammeds Himmelreise

Die wunderbare Himmelsreise Mohammeds, die im Koran nur wenige Anhaltspunkte hat (vgl. 17,1; 53,13-18), ist von der islamischen Tradition in vielen Versionen ausführlich geschildert worden. Stattgefunden haben soll sie in der Nacht des 27. Tages im Mondmonat Radjab – vor der Auswanderung Mohammeds von Mekka nach Medina. Ob es sich dabei um einen Traum, eine mystische Vision oder eine körperliche Entrückung (für letztere wäre ein Reittier sinnvoll gewesen) gehandelt hat, ist umstritten. In jedem Fall war es eine außergewöhnliche Erfahrung Mohammeds.

Die nachfolgende Erzählung lässt Mohammed die Reise auf seinem Pferd Burāq direkt von Mekka aus antreten (in anderen Überlieferungen trug das Pferd ihn zunächst von Mekka nach Jerusalem und dann vom dortigen Tempelberg aus in himmlische Gefilde). Sieben Himmelsebenen durchquerend, gelangt Mohammed zunächst zu Adam, dann zu Johannes und Jesus, dann zu Josef, dann zu Idrīs (einer Gestalt der islamischen Prophetenlegenden), dann zu Aaron, dann zu Mose, schließlich zu Abraham.

Danach steht er Allah selbst gegenüber. Und es beginnt, durch Mose vermittelt, ein Handel über das tägliche Pflichtgebet (Salat). Was Allah zunächst 50-mal verordnet, weiß Mohammed in immer erneutem Anlauf auf 5-mal zu reduzieren (der Vergleich mit Abrahams Gotteshandel Genesis 18,23-33 liegt nahe).

Kein Zweifel, dass Mohammed durch seine Himmelsreise – eine Art Berufungserlebnis – in seiner Stellung stark herausgehoben wurde.

Der Sidrabaum (Lotus-Baum), in Sure 53,14 Zyziphusbaum genannt, ist ein Weltenbaum an der äußersten Grenze. Hadschar ist eine Landschaft in Arabien. Die vier Ströme im siebten Himmel entsprechen den vier Strömen des jüdischen Paradieses (Genesis 2,10-14).

Die sich immer wiederholenden Passagen geben dem Text den Charakter einer Litanei.

Der Prophet erzählte ihnen von der Nacht, in der er entrückt wurde, folgendermaßen:
Während ich mich in dem Hatīm, einem Nebenraum der Kaaba, befand, brachte man mir ein weißes Reittier, kleiner als das Maultier und größer als der Esel – das ist der Burāq –, das seine Schritte so weit setzte, wie es sehen konnte. Auf das wurde ich gesetzt, und Gabriel brachte mich fort, bis er zum untersten Himmel gelangte. Da begehrte er Einlass, und man fragte: »Wer ist da?« Er antwortete: »Gabriel.« Man fragte: »Wer ist bei dir?«, und er antwortete: »Mohammed.« Man fragte: »Hat man ihn zur Himmelfahrt entboten?«, und er antwortete: »Ja.« Da sagte man: »Er sei willkommen und wohl seiner Ankunft!« Da machte er auf, und als ich eintrat, war Adam darin, und Gabriel sagte: »Das ist dein Vater Adam, grüße ihn.« Da grüßte ich ihn, und er erwiderte den Gruß und sagte darauf: »Willkommen sei der rechtschaffene Sohn und der rechtschaffene Prophet.«

Darauf stieg Gabriel empor, bis er zum zweiten Himmel gelangte. Da begehrte er Einlass, und man fragte: »Wer ist da?«, und er antwortete: »Gabriel.« Man fragte: »Wer ist bei dir?«, und er antwortete: »Mohammed.« Man fragte: »Hat man ihn zur Himmelfahrt entboten?«, und er antwortete: »Ja.« Da sagte man: »Er sei willkommen, und wohl seiner Ankunft.« Da machte er auf, und als ich eintrat, waren Johannes und Jesus, die beiden Vettern, da, und Gabriel sagte: »Das sind Johannes und Jesus, grüße sie.« Da grüßte ich sie, und sie erwiderten den Gruß und sagten darauf: »Willkommen sei der rechtschaffene Bruder und rechtschaffene Prophet.«

Darauf stieg Gabriel mit mir bis zum dritten Himmel empor. Da begehrte er Einlass, und man fragte: »Wer ist da?«, und er antwortete: »Gabriel.« Man fragte: »Wer ist bei dir?«, und er antwortete: »Mohammed.« Man fragte: »Hat man ihn zur Himmelfahrt entboten?«, und er antwortete: Ja!« Da sagte man: »Er sei willkommen, und wohl seiner Ankunft.« Da machte man auf, und als ich eintrat, war da Josef, und Gabriel sagte: »Das ist Josef, grüße ihn.« Da grüßte ich ihn, und er erwiderte den Gruß und sagte darauf: »Willkommen sei der rechtschaffene Bruder und der rechtschaffene Prophet.«

Darauf stieg Gabriel mit mir empor, bis er zum vierten Himmel gelangte. Da begehrte er Einlass, und man fragte: »Wer ist da?«, und er antwortete: »Gabriel.« Und man fragte: »Wer ist bei dir?«, und er antwortete: »Mohammed.« Man fragte: »Hat man ihn zur Himmelfahrt entboten?«, und er antwortete: »Ja.« Da sagte man: »Er sei willkommen, und wohl seiner Ankunft.« Da machte man auf, und als ich zu Idrīs eintrat, sagte Gabriel »Das ist Idrīs, grüße ihn.« Da grüßte ich ihn, und er erwiderte den Gruß und sagte darauf: »Willkommen sei der rechtschaffene Bruder und rechtschaffene Prophet.«

Darauf stieg Gabriel mit mir empor, bis er zum fünften Himmel gelangte. Da begehrte er Einlass, und man fragte: »Wer ist da?«, und er antwortete: »Gabriel.« Man fragte: »Wer ist bei dir?«, und er antwortete: »Mohammed.« Man fragte: »Hat man ihn zur Himmelfahrt entboten?«, und er antwortete: »Ja.« Da sagte man: »Er sei willkommen, und wohl seiner Ankunft.« Und als ich eintrat, war Aaron da, und Gabriel sagte: »Das ist Aaron, grüße ihn.« Da grüßte ich ihn, und er erwiderte den Gruß und sagte darauf: »Willkommen sei der rechtschaffene Bruder und rechtschaffene Prophet.«

Darauf stieg Gabriel mit mir empor, bis er zum sechsten Himmel gelangte. Da begehrte er Einlass, und man fragte: »Wer ist da?«, und er antwortete: »Gabriel!« Man fragte: »Wer ist bei dir?«, und er antwortete: »Mohammed.« Man fragte: »Hat man ihn zur Himmelfahrt entboten?«, und er antwortete: »Ja.« Da sagte man. »Er sei willkommen, und wohl seiner Ankunft.« Und als ich eintrat, war Moses da, und Gabriel sagte: »Das ist Moses, grüße ihn.« Da grüßte ich ihn, und er erwiderte darauf: »Willkommen sei der rechtschaffene Bruder und rechtschaffene Prophet.« Und als ich an ihm vorbeiging, weinte er; da sagte man ihm: »Warum weinst du?« Er antwortete: »Ich weine, weil von der Gemeinde eines Jünglings, der nach mir gesandt worden ist, mehr in das Paradies eingehen werden als von meiner Gemeinde.«

Darauf stieg Gabriel mit mir bis zum siebenten Himmel empor. Da begehrte Gabriel Einlass, und man fragte: »Wer ist da?«, und er antwortete: »Gabriel.« Man fragte: »Wer ist bei dir?«, und er antwortete: »Mohammed.« Man fragte: »Hat man ihn zur Himmelfahrt entboten?«, und er antwortete: »Ja.« Da sagte er: »Er sei willkommen, und wohl seiner Ankunft!« Und als ich eintrat, war Abraham da, und Gabriel sagte: »Das ist dein Vater, grüße ihn!« Da grüßte ich ihn, und er erwiderte den Gruß und sagte: »Willkommen sei der rechtschaffene Sohn und der rechtschaffene Prophet!«

Darauf wurde ich zu dem Sidrabaum am Ende erhoben; da waren seine Früchte wie die Tonkrüge von Hadschar und seine Blätter wie Elefantenohren, und Gabriel sagte: »Das ist der Sidrabaum am Ende.«

Da waren noch vier Ströme, zwei verborgene und zwei sichtbare, und ich fragte: »Was sind diese beiden, o Gabriel?« Er antwortete: »Die beiden verborgenen sind zwei Ströme im Paradiese, und die beiden sichtbaren sind der Nil und der Euphrat.«

Darauf wurde mir das wohlgebaute Haus, in das täglich 70 000 Engel eingehen, vorgeführt, darauf wurde mir ein Gefäß mit Wein, ein Gefäß mit Milch und ein Gefäß mit Honig gebracht; da nahm ich die Milch, und Gabriel sagte: »Das Haus ist die religiöse Anlage, die dir mit deiner Gemeinde zugedacht ist.«

Darauf wurden mir die Salāts zur Pflicht gemacht, und zwar täglich 50 Salāts. Dann kehrte ich zurück und kam an Moses vorbei; der fragte: »Was ist dir aufgetragen worden?« Ich antwortete: »Mir sind täglich 50 Salāts aufgetragen worden.« Er erwiderte: »Deine Gemeinde ist zu täglich 50 Salāts nicht imstande; ich habe, bei Allah, die Menschen vor dir kennen gelernt und mich sehr viel mit den Israeliten abgegeben, kehre zu deinem Herrn um und bitte um eine Erleichterung für deine Gemeinde.« Da kehrte ich um, und mir wurden 10 Salāts abgenommen. Dann kehrte ich zu Moses zurück, und er sagte dasselbe. Da kehrte ich um, und mir wurden 10 Salāts abgenommen. Dann kehrte ich zu Mose zurück, und er sagte dasselbe.

Da kehrte ich um, und mir wurden täglich 10 Salāts aufgetragen. Dann kehrte ich zurück, und er sagte dasselbe. Da kehrte ich um, und mir wurden täglich fünf Salāts aufgetragen. Dann kehrte ich zu Moses zurück, und er fragte: »Was ist dir aufgetragen worden?« Ich antwortete: »Mir sind täglich fünf Salāts aufgetragen worden. Er erwiderte: »Deine Gemeinde ist zu täglich fünf Salāts nicht imstande. Ich habe die Menschen vor dir kennen gelernt und mich sehr viel mit den Israeliten abgegeben. Kehre zu deinem Herrn zurück und bitte ihn um eine Erleichterung für deine Gemeinde.« Ich antwortete: »Ich habe meinen Herrn gebeten, bis ich mich schämte, aber (nun) bin ich zufrieden und nehme es an.«

Und als ich vorbeiging, rief jemand: »Ich (Allah) habe ein Gebot durchgeführt und es doch meinen Dienern leicht gemacht.«

Der Jenseitshymnus des Rig-Veda

So reich der Götterhimmel der Hindus ist, so vielfältig sind auch ihre Jenseitsvorstellungen.
Der um 1200 v. Chr. entstandene »Rig-Veda« (»das aus Versen bestehende Wissen«) enthält die Beschreibung einer himmlischen Lebenswelt, in die man nach seinem Tode, sofern man vom Soma-Rauschtrunk genossen hat, eingeht, um dort die Gegenwart der Götter sowie irdische Freuden zu genießen. Diese schöne Jenseitswelt ist jedoch vorwiegend Priestern vorbehalten. Der gewöhnliche Sterbliche gelangt in einen finsteren, freudlosen Bereich, wo er (wie im späteren Hades des Homer) ein Schattendasein führt.
Der Soma-Saft wurde aus den Stängeln der Soma-Ranke gewonnen, um sich dann, durch eine Seihe gepresst, in seine himmlische Form zu verwandeln. Während des Seihens – und dies bewirkte die Wandlung – wurde das nachfolgende Wunschgebet, das die erhofften Himmelsherrlichkeiten schildert, rezitiert.

> Wo unversiegliches Licht ist,
> in die Welt der Sonne,
> in die versetze mich,
> in die Welt des Lebens, die unvergängliche!
>
> Wo der Sohn des Sonnengottes König ist,
> wo der Garten des Himmels ist,
> wo ewig sprudelnde Quellen fließen,
> dort mache mich lebendig!

◁ Die Vorstellung, dass Himmel (und Hölle) in vertikalen Schichten angeordnet sind, kommt in verschiedenen Weltkulturen vor. Hier ist es das islamische Paradies Djanna, das Mohammed auf seiner Himmelsreise aufsuchte, in sieben jenseitigen Ebenen.
In der naiven Darstellung indischer Muslime sehen wir rechts und links Scharen von Seligen mit Turbanen unter bestirnten Himmelszonen. In der untersten Ebene erscheint zusätzlich Mohammed mit dem Erzengel Gabriel und seinem geflügelten Pferd Burāq. In der Ebene darüber zentral eine Sonne, in der dritten Ebene ein Lebensbaum mit anbetendem Engel, in der vierten Ebene die Flamme – für Allah? –, die mit Ausnahme der Ebene 2 in allen Ebenen vorkommt, wiederum mit einem anbetenden Engel.
Unten die Welt der Sterblichen: Menschen auf einem Markt und unter Arkaden Korangelehrte. Über der Moschee im Zentum ein schwarzes Rechteck (die Kaaba?), von dem eine Leiter zur untersten Himmelsebene führt.
Indische Mogul-Miniatur des 19. Jahrhunderts, Bibliothèque Nationale, Paris.

Wo Wandeln nach Begehren ist
im dreifach gewölbten Himmel des Himmels,
wo die lichtreichen Welten sind,
dort mache mich lebendig!

Wo Wünsche und Wunschgegenstände sind,
wo die Ebene des roten Sonnenpferdes ist,
wo Eigenkraft und Sättigung sind,
dort mache mich lebendig!

Wo Wonnen und Freuden,
Frohsinn und Fröhlichkeit wohnen,
wo die Wünsche des Wunsches erlangt werden,
dort mache mich lebendig!

Aus Rig-Veda IX, 113

Das Hindu-Paradies der Puranas

Geschildert wird in diesem Text der Himmel Indras als »Paradies« aller Freuden, in das die tugendhaften Menschen gelangen. Indra, einer der ältesten und berühmtesten Götter Indiens (der höchste Gott der vedischen Zeit), war neben seiner Funktion als Gott des Himmels z. B. auch Gott des Feuers.
Indras paradiesisches Reich erfüllten Gandharven, kleine Götter, die alle Geheimnisse des Himmels, z. B. auch die Zubereitung des Rauschtrunkes Soma kennen, singend und musizierend mit den herrlichsten Klängen.
Apsaras sind himmlische Nymphen, kleine Liebesgöttinnen, den Huri der muslimischen Überlieferung ähnlich. Doch anders als jene belohnen sie die

Der Himmel des vedischen Gottes Indra. Sein Himmelstempel erhebt sich über ▷
einem mächtigen Elefanten, der immer auf Indien deutet, und ist rings umgeben
von 32 kleineren Tempeln. Die Gottheit befindet sich in Meditationshaltung und
hat hinter Kopf und Körper je eine kleinere und größere Aureole. Oben selige
Priester und andere Vergöttlichte, die nach Genuss des Rauschtrunkes Soma in
Indras Himmel eingegangen sind.
Aus: Grabzeremonie der Na-khi, Südwestchina. Bibliothek des Havard-Yenching Institutes, Cambridge, Massachusetts.

Männer nicht für ihre Tugend, vielmehr verhindern sie, dass diese, indem sie eine zu hohe Stufe der Heiligkeit erreichen, den Göttern gefährlich werden.
Yama ist der erstgeborene Mensch, der, als erster gestorben, erstmals die Unterwelt durchwandert (später wird er zum Totengott und Totenrichter), um dann im Himmel Indras zu residieren.
Die Puranas (Purana = »altes Lied«, »altes Buch«) sind in Sanskrit verfasste heilige Literatur der Hindu, die, im 7. Jahrhundert n. Chr. entstanden, in 36 Büchern die Heldentaten der Götter beschreibt.

So ist es im Himmel Indras, im Paradies aller Freuden: Hier werden von Gandharven herrliche Lieder gesungen, es tanzen schön geformte Apsaras, himmlische Nymphen, hier schallt der liebliche Klang der Lauten und anderer Instrumente, ein Blumenregen strömt herab und kühlende Lüfte wehen. Hier sind kühlwasserige Trinkplätze, dort Speisehäuser, es beten Götter und Gandharven heilige Hymnen. Überall sind Teiche, mit blühendem Lotos geschmückt, schattige Bäume, blühende Vanjulas und andere Schlingpflanzen. Diesen mit allen Wonnen begabten Weg wandeln die tugendhaften Menschen. Einige kommen zu Ross, mit vielerlei Zieraten geschmückt, das Haupt von weißstäbigen Sonnenschirmen geschützt. Einige kommen auf Elefanten, andere auf Wagen, andere in Sänften voll Freude zur Behausung Yamas. Einige Sterbliche kommen gefächelt vom Wehen der von Götterjungfrauenhänden getragenen Fächerwedel und von den Gottweisen gepriesen. Einige Tugendhafte gehen zum Palast Yamas, göttliche Kleider tragend, von Kränzen und wohlriechenden Salben verschönt und Betel genießend. Einige kommen zu Yamas Palast mit dem Glanz ihrer Körper die zehn Weltgegenden erleuchtend. Einige Edle kommen, himmlische Milch trinkend, andere wandeln, Nektar schlürfend, dieses Weges.

Aus dem Puranas, Kapitel Kriyayogasara

Die Himmelsreise der erlösten Seele

In diesem Text aus späterer Zeit – eine der vielen Varianten, die der Hinduismus hervorgebracht hat – geht es um die erlöste Seele, die, nachdem sie im Jenseits einen Leib von »grenzloser Schönheit und unbeschreiblichem Glanz« empfangen hat, auf einer freudenreichen Himmelsreise rasch voran-

eilend, die göttliche Residenz des Bhagavân Nârâyana (das ist Vishnu) erreicht. Der Gott in all seiner Herrlichkeit ist umgeben von Shrî, der Göttin des Glücks, sowie von Bhû Lîlâ, der Göttin der Anmut.
Atmâ (Atmân) ist die individuelle Seele, das unvergleichlich Geistige im Menschen, Brahman hingegen das absolute, allem Sein zugrundeliegende Prinzip, die Essenz des Universums. Wer beide als Einheit erkennt, sein Selbst im All wiederfindet, hat angefangen, das tiefste Wesen des Hinduismus zu erfassen. Während er gemeinhin dann aus dem Kreislauf der Wiedergeburten zur Mokscha, der endgültigen Befreiung und Erlösung gelangt, wird er in unserem Text ein Atmâ-Herr, dem es vergönnt ist, als erlöste Seele, verwandelt in verschiedene verklärte Leiber, dem Gott Vishnu nahezukommen.
Die »Himmelsreise« wurde von einem Anhänger des berühmten Hindu-Lehrers Ramanuja (gestorben wohl 1137) in den »Fünf Hauptstücken« (den »Aithapancaca«) aufgezeichnet.

Wenn die Seele die grobe und feine Leiblichkeit abgelegt, die Gebiete der niederen Gottheiten durchmessen und den Fluss Viradjâ überschritten hat, empfängt sie einen Leib von grenzenlosem Glanz, von unbeschreiblicher Schönheit. Dann kommt sie zum Tilya-Wald und badet im himmlischen Nektarsee Airammada.

Auf der Perlenbank unter der Feige Somaquell schmücken sie fünfhundert himmlische Frauen mit Brahmaschmuck.

Dann kommen, von Bhagavân (Vishnu) gesandt, einige seiner nächsten Diener. Die erlöste Seele eilt ihnen entgegen. Sie erreicht die himmlische Stadt. Sie ist überglücklich. An Vaikunthas Stadttor verneigt sie sich, tritt ein, geht die Königstraße hinauf, erschaut viele wunderbare Dinge, wird vor Freude schwindlig und erreicht, nur mit Mühe vorwärtskommend, die Hochtore der göttlichen Residenz.

Hier verneigt sie sich vor den Torhütern, wird von ihnen willkommen geheißen und tritt ein. Auf perl- und edelsteinbedeckten Wegen steigt sie empor zur Halle mit den Säulen, die jeweils tausend himmlische Juwelen tragen.

Hier erblickt sie Bhagavân Nârâyana, Gott Vishnu, umgeben von den Göttinnen Shrî und Bhû Lîlâ. Vishnu trägt Muschel, Diskus und Keule. Ein Diadem schmückt sein Haupt. Er ist in ein gelbes Gewand gehüllt. Er ist allduftend, allfühlend. Kein Wort kann ihn, den Allmeister, bezeichnen.

Nur die auf ewig erlösten Seelen, die Atmâ-Herren, dürfen ihn schauen.

Die erlöste Seele gewahrt ihn. Verschiedene verklärte Leiber werden ihr zuteil. Das Gewahren gibt Freude. Diese wirkt Dienst. Den tritt die verklärte Seele an. An jedem Ort, zu jeder Zeit, in jeder Lage diesen Dienst zu tun und dadurch zur Glückseligkeit ohne Ende zu gelangen, das heißt Bhagavân Nârâyana erreichen.

Aus den Aitha-pancaca

Die Höhere Welt im Hindu-Mythos Mahabharata

Der kleine Text ist ein Auszug aus dem im 6. nachchristlichen Jahrhundert über längere Zeiträume hinweg entstandenen Mahabharata, einem Epos in 18 Büchern, das zu den großen Werken der Weltliteratur zählt. Dem mythischen Dichter Vyāsa zugeschrieben, umfasst es 220.000 Zeilen (die Ilias des Homer hat dagegen nur 11.000 Zeilen). Geschildert werden endlose Kämpfe zwischen Göttern und Dämonen. Enthalten sind Göttersagen, Tierfabeln, aber auch philosophische Erörterungen: Reiche Dramatik, höchst menschlich sich entfaltende Charaktere, nicht zuletzt das Bewusstsein eines unentrinnbaren Schicksals machen das Werk noch heute zur »Bibel« des frommen Hindu.
Das dargebotene Stück sieht eine fried- und freudvolle höhere Welt nördlich des Himalaya als Ort des Nicht-Todes, als Ort der Wiedergeburt, als Ort eines völlig makellosen Miteinanders derjenigen Menschen, die im Diesseits heilige Werke vollbracht haben.
Bhrigu, der Weise, der dies alles sprechend offenbart, ist ein Hoherpriester und Heiliger.

◁ Das ferne Paradies des mit seiner Frau Parvati in himmlischer Hochzeit innig vereinten Gottes Shiva schwebt über dem Berg Kailasa im Himalaya. Unten in den Schluchten unzählige Heilige und Weise (Männer und Frauen), die das Götterpaar anbeten oder ihm Opfer darbringen. In den Wolken rings um den prachtvollen Himmelstempel Gekrönte sowie Wesen mit Flügeln oder Tierköpfen, die auf verschiedensten Instrumenten eine Jenseitsmusik erklingen lassen.
Rajput-Gemälde, Indien, spätes 18. Jahrhundert.

Der Weise Bhrigu spricht:

Nördlich des Himalaya,
dort ist die heilige Welt.
Sie ist friedvoll und freudvoll.
Alles ist rein.
Alles, was gut ist, findet man dort.

Frei ist der Mensch von allem Bösen.
Er ist ganz makellos.
Keine Begierde ficht ihn an.
Kein Übel stößt ihm zu.

Der Nicht-Tod hat hier die Oberhand.
Und Krankheiten kennt man nicht.
Da ist kein Begehr nach fremden Frauen.
Ein jeder liebt seine eigene Frau.

Töten und Morden sind unbekannt.
Es gibt keinen Stolz auf Reichtum.
Ungerechtigkeit ist hier fremd. Ebenso jeglicher Zweifel.

Was gute Werke erbringen können,
das tritt hier deutlich hervor.
Im Überfluss gibt es Speise und Trank.
Und jedermanns Wohnung ist ein Palast.

Der nördliche Teil der Erde ist schön.
Heilig ist dieser Ort.
Alle werden dort wieder geboren,
die Gutes taten im Diesseits.

Aus dem Mahabharata

Buddha über das Nirvana

Der historische Buddha, »der Erwählte, Erleuchtete« (560–480 v. Chr.), hat sich an keiner Spekulation über ein schönes Jenseits, wie sie später, vor allem im Mahayana-Buddhismus, virulent wurde, beteiligt. Für ihn führte der innerweltliche Kreislauf der Wiedergeburten zur qualitativen Bestimmung jeder neuen Existenz durch gutes oder schlechtes »Karma« (indisch für »Tat«, »Werk«) – bis hin zum letzten Ziel, dem Nirvana als Erlöschen der Leidenschaften, des Leidens, der Leiblichkeit, des Lebens, des Todes, der Wiedergeburt, jeglicher Zeit und Jenseitigkeit. Zu allen anderen Spekulationen sagte Buddha: »Es ist unnütz! Lasst es bleiben!« Der Pali-Kanon – Pali ist ein mittelindischer, dem Sanskrit nahestehender Dialekt – enthält die Schriften des Urbuddhismus aus den Anfängen der Religion. Er gilt als älteste und zuverlässigste Quelle über den historischen Buddha.

Einst weilte der Herr in Sâvatthi in dem Jetavana, dem Haine des Anathapindika. Zu jener Zeit nun belehrte der Erhabene die Mönche, unterwies sie, erfüllte sie mit Begeisterung und Freude durch eine dem Dhamma, der Lehre, entsprechende Rede, welche von dem Nirvana handelte. Und gespannt aufmerkend hörten diese Mönche die Lehre, deren Wert sie erkannt, auf welche sie ihren Sinn gerichtet und bei der sie ihren Geist völlig gesammelt hatten. Da ließ der Erhabene, nachdem er dies erkannt hatte, zu jener Zeit diesen Ausruf vernehmen:

»Es gibt, ihr Mönche, einen Bereich, wo weder Erde, noch Wasser, noch Feuer, noch Wind ist, wo die Sphäre der Unendlichkeit des Raumes und der Unendlichkeit des Bewusstseins nicht mehr besteht. Wo nicht irgendetwas mehr ist, weder die Sphäre des Unterscheidens, noch die des Nichtunterscheidens, nicht diese Welt, noch die jenseitige Welt, wo beide, Sonne und Mond, nicht mehr sind. Dies erfahrt von uns, ihr Mönche:

Ich verkündige euch ein Nichtkommen und Nichtgehen, ein Nichtfeststehen und Nichtvergehen, die Freiheit von der Wiedergeburt; ein Nichtstillstehen und ein Nichtweitergehen. Keinen Grund gibt es mehr für das Sehnen nach dem Leben. Dies ist das Ende des Leides.«

Aus dem Pali-Kanon, Ende des 1. Jahrhunderts v. Chr.

Das Paradies der Hsi Wang Mu

Mitte des 1. Jahrhunderts n. Chr. gelangt der Mahayana-Buddhismus nach China, wo er bald eine Verbindung mit der dortigen Philosophie, dem Taoismus, und später auch mit den Lehren des Konfuzius eingeht. Aus diesem Geist entwickelt sich gegenüber dem strengen alten Buddhismus Indiens erstmals die Vorstellung von einem Paradies, in dem der Buddha unsterblich ist. Es ist das Volk, das sich in seinen Bildphantasien ein reich ausgestattetes Jenseits wünscht.
In das Paradies der Hsi Wang Mu, der »Königinmutter des Westens«, können alle Weisen, sofern sie im Diesseits sich nachhaltig dem Studium der Tugend und der Alchemie hingegeben haben, unmittelbar eingehen. Alle 6000 Jahre dürfen sie dann im Jadepalast der Hsi Wang Mu am himmlisch-freudevollen Pfirsichfest teilnehmen und die reifgewordenen Früchte der Unsterblichkeit genießen.
Dem Räuber der Früchte, dem Affenkönig Sun-Wu-k'ung, hilft die Göttin Guan Yin, eine der zauberhaftesten, bis in die Gegenwart immer wieder dargestellten Gestalten des chinesischen Pantheons.

Weit im Westen erstreckt sich das Gebirge Kun L'un. Hier ist der Mittelpunkt der Erde. Hier ist der Sitz der Götter. Hier ist das Paradies. Hier hat Hsi Wang Mu, die »Königinmutter des Westens«, ihren riesigen Jade-Palast, neun Stockwerke hoch und umgeben von einer goldenen Mauer, wohl tausend Meilen lang.

Hier sitzt Gautama Buddha auf einem Thron.

Oberhalb der Erde ist dieses Paradies und unterhalb der Erde. Es verbindet das Reich des Todes mit dem Reich der Götter.

Hsi Wang Mu aber, die Herrscherin des Paradieses, hat einen wunderbaren Garten mit Quellen, die nie versiegen, mit einem kostbaren Edelsteinbaum, bevölkert von sagenhaften Pflanzen und Tieren. In diesem Garten zieht Hsi Wang Mu am See der Juwelen den Pfirsichbaum. Nur alle 6000 Jahre reifen seine Früchte. Es sind die Pfirsiche der Unsterblichkeit. Jeder, der sie verzehrt, ist auf immer vom Tode befreit.

Hsi Wang Mu ist eine schöne Frau in einem königlichen Kleide. Feenjungfrauen bedienen sie. Ihr Mann ist Dung Wang Kung. Sie hat 24 Kinder, davon 9 Söhne. Den Jade-Palast erbaute ihr der himmlische Bogenschütze Hou I, der neun von zehn Sonnen vom Firmament heruntergeholt hatte. Hsi Wang Mu belohnte ihn mit einem Elixier aus den Pfirsichen, das in einem unirdischen Glanz erstrahlte.

Die acht taoistischen Unsterblichen – volkstümliche kleinere Gottheiten, denen ewiges Leben zuteil wurde – beim Geburtstags-Pfirsichfest der Hsi Wang Mu. Die vier Alten am Tisch diskutieren. Rechts oben ergötzt sich ein junger Unsterblicher an der kostbaren Frucht. Rechts unten ist ein fast weiblich anmutender Gott in Meditation versunken. Auf der linken Seite gibt ein alter Weiser einem anderen, der begeistert die Hand hochwirft, vom Pfirsichelixier zu trinken.
Die acht Unsterblichen waren auch Schutzpatrone jeweils für Alte, Gelehrte, Soldaten, für Kranke, Arme, für unverheiratete Mädchen, für die Gebildeten und den Adel.
Im Original kolorierter taoistischer Holzschnitt. China, 19. Jahrhundert. Privatbesitz

Alle 6000 Jahre, bei der Reife der Früchte, feiert Hsi Wang Mu ihren Geburtstag. Alle Götter, zu diesem Fest eingeladen, essen dann von den Früchten der Unsterblichkeit.

Einst, so wird erzählt, gelüstete den irdischen Affenkönig Sun-Wu-k'ung nach diesen Früchten, schön anzusehen und wunderbar duftend. Er stieg in den Himmel, raubte einige von ihnen und wollte sich davonmachen. Doch die Götter entdeckten ihn, kämpften mit ihm und entrissen ihm die Früchte. Gautama Buddha aber nahm ihn gefangen. Der Zorn der Götter war groß. Doch Guan Yin, die Göttin der Barmherzigkeit, setzte sich für den Affenkönig ein. So wurde er wieder auf die Erde entlassen. Ja, er durfte sogar einen buddhistischen Pilger nach Indien geleiten.

Von Guan Yin aber wird erzählt, dass sie, dritte Tochter des Königs Miao Zhong, vorzeiten gegen den entschiedenen Willen ihres Vaters in einen Orden eintrat. Als der erzürnte Vater sie daraufhin zu töten versuchte, griff Yanluo Wang, der Herr der Unterwelt, ein und geleitete Guan Yin in sein Reich. Hier widmete sie sich so sehr allen Leiden der Hölleninsassen, dass die Hölle gleichsam zum Paradies wurde. Später wurde sie in das Erdenleben wiedergeboren. Und da befreite sie Gefangene von ihren Ketten, heilte zahllose Kranke, wirkte der Macht des Schlangengiftes entgegen und nahm es sogar mit den Blitzen auf. Danach stieg sie als Göttin in den westlichen Himmel auf.

Hsi Wang Mu aber ist auch die Göttin der Frauen. Alle Frauen, die geboren haben, beten zu ihr.

Neu erzählt von Dietrich Steinwede

Sukhāvatī – Das Große Westliche Paradies

Der in den ersten nachchristlichen Jahrhunderten aus der ursprünglichen Lehre Buddhas entstandene Mahayana-Buddhismus (»Mahayana« = »Großes Fahrzeug«), heimisch in Tibet, Zentralasien, China und Japan, entwickelte auch die Vorstellung, dass vor dem Eingang ins Nirvana (Zustand der Befreiung von allen Illusionen und Wünschen) das Westliche Paradies »Sukhāvatī« (»Glücksland«) des Buddha Amithāba liege. Jeder gläubig Vertrauende, dem Kreislauf der Wiedergeburten entronnen, könne dorthin gelangen.
Die Schilderung der Kostbarkeiten und Wonnen dieses buddhistischen Jenseitslandes lässt alles, was andere Religionen als Köstlichkeiten des Paradieses preisen, an Üppigkeit und Pracht weit hinter sich. Mit Überschwang geschildert, kennt dies Land Sukhāvatī keinen Gegensatz, keinen Disput, weder Schmerz noch Lust, nur Ruhe, Freude, wunschloses Glück.
Die überaus große Beliebtheit, der sich der Buddhismus in Ostasien erfreute, erklärt sich daraus, dass weder Laotse noch Konfuzius oder die Shintoreligion dem religiösen Bedürfnis der Menschen ein solches Pantheon von Göttern und Jenseitsbildern bieten konnte und dass die Ethik, großzügig und zugleich innerlich, das liebevollste Gefühl des Menschen, das Mitleid, ansprach.
Ānanda, der im Text immer wieder Angeredete, war der Lieblingsjünger des historischen Gautama Buddha. Amithāba ist der Buddha des unendlichen Lichtglanzes und der mitfühlenden Spiritualität. Tathāgata ist die Selbstbezeichnung eines Buddha, eines »Erleuchteten«.

Die Welt Sukhāvatī, o Ānanda, die die Welt des erhabenen Amitābha ist, ist reich und blühend, behaglich, fruchtbar, entzückend und angefüllt mit vielen Göttern und Menschen. Und in dieser Welt, Ānanda, gibt es keine Höllen, keine Tiergeburten, keine Gespenster, keine Dämonen und überhaupt keine unheilvollen Wiedergeburten. In unserer Welt erscheinen nicht solche Edelsteine, wie sie in der Welt Sukhāvatī existieren.

Und jene Welt Sukhāvatī, Ānanda, lässt viele köstliche Düfte ausströmen, sie ist reich an einer großen Vielzahl von Blumen und Früchten, geschmückt mit Juwelenbäumen, die aufgesucht werden von Scharen verschiedenster Vögel mit süßen Stimmen, die die Wunderkraft des Tathāgata hervorgezaubert hat. Und diese Juwelenbäume, Ānanda, haben verschiedene Farben, viele Farben, viele hunderttausend Farben. Sie sind verschieden zusammengesetzt aus den sieben Pretiosen: aus Gold, Silber, Beryll, Kristall, Korallen, Perlmutt und Smaragd. Solche Juwelenbäume und Massen von Bananenbäumen und Reihen von Palmen wachsen überall in diesem Buddha-Land. An allen Seiten ist es von goldenen Netzen umgeben und bedeckt mit Lotosblumen aus allen diesen Pretiosen. Einige der Lotosblumen haben einen Umfang von einer halben Meile, andere bis zu zehn Meilen. Von jedem Edelsteinlotos gehen sechsunddreißighunderttausend Millionen von Strahlen aus. Und am Ende eines jeden Strahles gehen sechsunddreißighunderttausend Millionen von Buddhas hervor, mit goldfarbigen Körpern, die die zweiunddreißig Merkmale des Übermenschen tragen und die nach allen zehn Richtungen in zahllose Welten gehen, um dort die Lehre zu verkünden.

Und weiterhin, o Ānanda, gibt es in diesem Buddha-Land keinerlei Gebirge, – keine schwarzen Berge, Edelsteinberge, Sumerus, Rundgebirge. Sondern dieses Buddha-Land ist überall eben, entzückend wie die Fläche einer Hand, und überall besteht der Boden aus einer großen Vielzahl von Edelsteinen und Pretiosen.

Und viele verschiedenartige Flüsse fließen in dieser Welt Sukhāvatī. Dort gibt es große Flüsse, eine Meile breit und bis zu fünfzig Meilen breit und zwölf Meilen tief. Und diese Flüsse fließen ruhig dahin, duftend in den verschiedensten angenehmen Wohlgerüchen, in ihnen sind Blumensträuße mit verschiedenen Edelsteinen und sie tönen in verschiedenen süßen Lauten. Und der Klang, der von diesen großen Flüssen ausgeht, ist so lieblich wie derjenige eines Musikinstrumentes, das aus hunderttausend Millionen von Stimmen besteht und das, kunstvoll gespielt, eine himmlische Musik von sich gibt. Sie ist tief, eindrucksvoll, deutlich, klar, angenehm für das Ohr, das Herz rührend, entzückend, süß, angenehm, und niemand wird müde, sie zu hören, und jeder hört, was er zu hören wünscht, so die Worte »beständig, friedvoll, ruhig und Nicht-Ich«. Solcherart ist der Klang, der die Ohren jener Wesen erreicht.

Und, Ānanda, die Ufer dieser großen Flüsse werden von verschiedenartig duftenden Juwelenbäumen eingefasst, und von ihnen hängen Bündel von Blumen, Blättern und Zweigen aller Art herab. Und wenn jene Wesen sich an jenen Flußufern himmlischen Vergnügungen hingeben möchten, dann, nachdem sie in das Wasser getreten sind, steigt das Wasser in jedem Fall so hoch, wie sie es wünschen – bis zu den Knöcheln oder den Knien oder den Hüften oder beiden Körperseiten oder ihren Ohren. Und himmlische Wonnen entstehen.

Außerdem, wenn Wesen das Wasser kalt wünschen, dann wird es für sie kalt; wenn sie es heiß wünschen, dann wird es für sie heiß; wenn sie es heiß und kalt wünschen, dann wird es für sie heiß und kalt, ganz nach ihrem Belieben. Und jene Flüsse fließen dahin, voll von Wasser, duftend nach den feinsten Wohlgerüchen, und bedeckt mit wunderschönen Blumen, widerhallend von den Lauten vieler Vögel, leicht zu durchschreiten, frei von Schmutz und mit goldenem Sand im Flussbett. Und alle Wünsche, an die jene Wesen denken mögen, sie werden erfüllt, wenn sie rechtmäßig sind.

Und was den lieblichen Klang betrifft, der aus dem Wasser kommt, so erreicht er alle Teile des Buddha-Landes. Und jedermann hört, was er als lieblichen Klang zu hören wünscht; so hört er von Buddha, von der Lehre, vom Orden.

Und wenn er dies hört, erlangt er edle Lust und Freude, die verbunden ist mit Losgelöstsein, Leidenschaftslosigkeit, Ruhe, Stillstand, mit der Buddha-Lehre, die jenen Geisteszustand schafft, der zur vollkommenen Erleuchtung führt. Und nirgendwo in dieser Welt Sukhāvatī hört man etwas Schändliches, nichts von Hindernissen, nichts von Bestrafungen, von Elend und schlechtem Geschick, nichts von Leiden. Selbst von Gefühlen der Leidlosigkeit und Freudlosigkeit hört man nichts. Und deshalb, o Ānanda, wird diese Welt »das Glücksland« (Sukhāvatī) genannt. Doch all dies beschreibt es nur in Kürze, nicht im einzelnen. Ein Weltzeitalter möchte wohl zu Ende gehen, während die Gründe zum Glück in der Welt Sukhāvatī verkündet werden, und doch würde man nicht alle Gründe für das Glück nennen können.

Aus Sukhāvatīvyūha 15-18

Die Wanderung durch Zwischenzustände – Das Tibetische Totenbuch

Ägyptische Totenbücher sollten dem Verstorbenen ein Bestehen vor dem Totengericht in der Halle der Wahrheit sichern. Das Tibetische Totenbuch Bardo Thödol – der Buddhismus kam im 6./7. Jahrhundert nach Tibet – hingegen will dem Menschen für seine Wanderung durch die Zwischenzustände (Zwischenzustand tibetisch »bar-do«) Hilfe anbieten. Es dient vor allem der Vorbereitung auf die visionären Begegnungen zum Zeitpunkt des Sterbens.
Ein Lama, ein geistlicher Lehrer, flüstert dem Sterbenden (bzw. dem gerade Gestorbenen) Texte aus dem Totenbuch ins Ohr, die ihm helfen sollen, sich aus dem ersten Zwischenzustand (Dauer zumeist 49 Tage) zu befreien. Gerade im Augenblick des Todes (im ersten Bardo) kann man diese Befreiung, tibetischer Anschauung zufolge, am nachhaltigsten erreichen.
In ihrer hochentwickelten Kunst des Sterbens lehren die Tibeter, dass der erste Zwischenzustand – fünf weitere folgen – ein vollkommen leeres aber reines Sein in der Strahlung eines hellen Lichtes ist. Dieses Licht, reine kosmische Energie, kann überwältigend sein. Angst erregende Geister – Widerspiegelungen des eigenen Bewusstseins – brauchen nicht gefürchtet werden. Ein Sichanklammern ans Leben ist illusorisch.
In den weiteren Zwischenzuständen vollzieht sich der Kreislauf der Seele, den guten bzw. bösen Taten des Menschen im Leben (seinem Karma) entsprechend. In verschiedenen Richtungen des tibetischen Buddhismus gilt als »endgültige« Befreiung der Seele, wenn sie in keine dieser Zwischenwelten mehr wiedergeboren wird.

Der Lama spricht:
»O Edelgeborener, nun ist für dich die Zeit gekommen, den Pfad aufzusuchen. Dein Atmen beginnt aufzuhören. Dein Meister hat dich von Angesicht zu Angesicht vor das reine Licht gesetzt: Und nun wirst du in seiner Realität den Bardo-Zustand erfahren, in dem alle Dinge wie der leere und wolkenlose Himmel sind, und der nackte, fleckenlose Intellekt ist wie unter einer durchsichtigen Leere ohne Umfang oder Mittelpunkt. Erkenne dich in diesem Augenblick selbst und verweile in diesem Zustand. Auch ich sitze dir zu dieser Zeit von Angesicht zu Angesicht gegenüber.
O Edelgeborener, höre zu. Du erfährst jetzt die Strahlung des klaren Lichtes des reinen Seins. Erkenne sie. O Edelgeborener, dein gegenwärtiger Geist, seiner wahren Natur nach leer ... ist die wirkliche Realität, das umfassende Gut.

Dein eigenes Bewusstsein, glänzend, leer und untrennbar von dem großen Strahlungskörper, hat weder Geburt noch Tod, es ist das unwandelbare Licht – der Buddha Amitābha.

Dies zu wissen genügt. Zu erkennen, dass die Leere deines eigenen Geistes die Buddhaschaft ist, und auf sie wie auf dein eigenes Bewusstsein zu blicken, wird dich im heiligen Zustand des Buddha bewahren.

O Edelgeborener, das, was Tod genannt wird, ist nun gekommen. Du scheidest von dieser Welt, aber du bist nicht der Einzige; der Tod kommt zu allen. Hänge nicht in Torheit und Schwäche an diesem Leben. Selbst wenn du aus Schwäche daran festhältst, hast du nicht die Macht, hier zu bleiben. Du wirst nichts anderes gewinnen als die Wanderung im Kreislauf der Wiedergeburten.

O Edelgeborener, was immer auch an Furcht und Entsetzen im Zwischenzustand über dich kommen mag, vergiss nicht diese Worte und, indem du ihren Sinn bewahrst, geh vorwärts, in ihnen liegt das lebendige Geheimnis der Erkenntnis.«

Der Sterbende spricht:

»Ach, wenn die ungewisse Erfahrung der Wirklichkeit hier über mir anbricht, mit jedwedem Gedanken von Furcht oder Entsetzen oder Scheu gegenüber allen gespenstischen Erscheinungen, dann möge ich, welche Gesichte auch erscheinen, sie als Widerspiegelung meines eigenen Bewusstseins erkennen, dann möge ich wissen, dass sie zum Wesen der Erscheinungen im Zwischenzustand gehören …, dann möge ich die Scharen friedvoller und zorniger Geister nicht fürchten, da sie meinen eigenen Gedanken entspringen.«

Aus dem Bardo Thödol

Die Tibeter kennen auch ein Totengericht. Richter ist der dunkle Yama Raja, umgeben von Totenköpfen. In der Rechten hält er ein Schwert als Symbol spiritueller Macht, in der Linken den Spiegel des Karma. Seine Füße ruhen auf einem nackten menschlichen Körper. Unten die Totenwaage mit Shinje, einer affenköpfigen Gottheit, als Wächter. Links steht der Kleine Weiße Gott mit einem Sack weißer Steine, rechts der Kleine Schwarze Gott mit einem Sack schwarzer Steine. Entsprechend

dem karmischen Verdienst der Toten, die unten betend warten, legen sie mehr schwarze oder mehr weiße Steine auf die Waage. Tierköpfige Gottheiten sind als Zeugen dabei. Unterhalb die Hölle mit einer Vielfalt von Torturen. Oben auf aufsteigenden, sich verzweigenden Wegen hin zum göttlichen Bereich der Buddhas Gerechtgesprochene.

Szene des Jüngsten Gerichtes von Lharippa-Pempa-Tendup-La, Sikkim 1919

Die »begu« der Batak in Sumatra

Die Jenseitsvorstellungen der Batak in Sumatra werden beherrscht von den begu, die jedem Menschen als seine Schattenleib-Seele zugeordnet sind. Stirbt der Mensch, so bleibt er auch als begu das, was er auf Erden war, Kind – oder Dieb.
Sieben Himmel zählen die Batak (vgl. die sieben Himmel aus der Jenseitsschau des Jesaja bzw. aus der Himmelsreise Mohammeds). Die ersten fünf Himmel sind gewissermaßen Straf-Stationen (nicht Höllen) jeweils für Unbelehrbare, Mörder, Spieler, Betrüger, Diebe, die hier ihr Fehlverhalten bis in alle Ewigkeit fortsetzen müssen. Der sechste Himmel ist dann den noch Ungeborenen vorbehalten.
Im siebten Himmel trifft Siadji sambola (eine Sagengestalt der Batak) auf der von ihm unternommenen Himmelsreise die Schöpfergottheit Mula djadi, die ihn über alles im Jenseits Geschaute aufklärt und der er seine Klagen vortragen kann.

Von Siadji sambola erzählt man, dass er auf seiner Reise zu Gott die sieben Himmel besucht habe und später von Gott Belehrung empfing über das, was er dort gesehen: Im ersten Himmel sah er Mengen von begu, die lauter verkehrtes Zeug taten; das sind die begu derjenigen Menschen, die sich bei Lebzeiten nicht belehren lassen wollten, und lauter Verkehrtes begannen. Im zweiten Himmel sah er solche begu, die Tag und Nacht Pläne schmiedeten, Blut zu vergießen; das sind die begu derjenigen, die bei Lebzeiten auf Mord gesonnen oder Mord verübt haben; sie müssen das nun immer so weiter treiben. Im dritten Himmel sah er Spieler, die immerfort ihre Forderung eintrieben oder ihre Schuld bezahlten. Das sind die begu derjenigen, die auf Erden spielten und das nun immer nachahmen müssen. Im vierten Himmel hatten die begu lange Zungen, weil sie bei Lebzeiten betrogen haben. Im fünften Himmel sah er die Diebe, welche einen oder zwei Büffel oder Früchte in ihrer Hand hielten, genau das, was sie früher gestohlen hatten. Er staunte darüber, wie sie die Büffel in der Hand halten konnten. Im sechsten Himmel sah er alle Arten von Menschen, die noch geboren werden sollten in Gestalt von mehr oder weniger entwickelten Pflanzen mit Blättern oder Blüten oder Früchten, je nach der Länge der ihnen bestimmten Lebenszeit. Im siebenten Himmel erblickte er ein stattliches Haus mit Ornamenten geschmückt, die Wohnung des Schöpfergottes Mula djadi. Dort trug er seine Klage dem Schöpfer vor und empfing Aufklärung über das, was er im Totenreich gesehen hatte.

Die Lebensweise der begu ist wie auf dieser Erde. Wer auf Erden Häuptling war, dessen begu ist auch Häuptling, eines Sklaven begu ist wieder Sklave, so ist es mit den Armen und Verachteten wie mit den Reichen und Angesehenen. Eines Kindes begu ist wieder Kind. Wenn ein Kind stirbt, das einen Großvater im Totenreich hat, dann sagt man: »Vereinige dich mit deinem Großvater, der behüte dich, dass andere begu dir nichts tun.«

Darum machen die Leute das Grab ihrer Toten nahe beim Grabe von Verwandten, damit sie beisammen sind. Wer verwitwet ist, wünscht, dass sein Grab vereinigt werde mit dem Grab seiner verstorbenen Ehehälfte, damit ihre begu zusammenkommen. Die begu von Kindern wachsen weiter. Die begu haben Frauen, Söhne und Töchter, manche haben auch zwei und mehr Frauen. Man kann sich die Menge der begu nicht vorstellen, denn es gibt begu, die dort geboren werden, und dazu begu der auf Erden Verstorbenen. Die im Erdenleben miteinander befreundet waren, deren begu sind auch Freunde. Wenn das Los eines Nachkommen auf Erden sich bessert, dann gestaltet sich auch die Lage seines begu viel günstiger.

Wie die lebenden Menschen Märkte abhalten, so auch die begu. Das alles weiß man daher, dass die begu den Träumenden davon berichten. Wenn jemand gestorben ist und seine Hinterbliebenen ihm Gaben bringen, dann versammeln sich die begu am Grabe des Gestorbenen und machen Lärm, gerade wie die Menschen beim Überbringen der Gaben Lärm machen. Was immer dem Toten gebracht wird, davon erblickt man später die Spuren am Grabe.

Erzählung der Batak aus Sumatra

Totenlied der Sadan Toradja in Sulawesi

Nach dem Glauben der Sadan Toradja auf der Insel Sulawesi (früher Celebes) steigen nur die Seelen adliger Männer vom Totenland Puya zum Haus der höchsten Gottheit Puang Matua in die himmlische Oberwelt auf. Dort werden sie zunächst zu »wohlwollenden« Ahnen. Selbstmördern dagegen, im Krieg Gefallenen und Dieben, aber auch an Lepra Verstorbenen bleibt sogar der Zugang zum Totenland verwehrt. Gefahr bringend geistern ihre Seelen umher.
Auch einem Adligen gelingt der Aufstieg in die himmlische Oberwelt nur mit Hilfe von Riten. Während des Totenfestes singen die Männer zu seinen Ehren ein Totenlied. Darin wird sein Ruhm gepriesen, aber auch der seiner himmlischen Vorfahren. Schließlich besingt man den Weg, den er nun in das Totenland einschlägt, wo er bald selbst zu einem Ahnen wird, dann zu einem Stern, der, so bitten die Lebenden, die Aussaat der neuen Reisfelder segnen möge. Die im Lied erwähnten Grabhügel liegen südlich des Gebietes der Toradja. Hier erreicht die Seele das Totenland. Bevor sie in den Himmel aufsteigt, kaut sie noch einmal ein Blatt der Betelnuss.

Was kann man machen – er ging gen Süden.
Was sollen wir tun – da vorne ist er.
Die Wolken schließen sich hinter ihm.
Er ist vom Nebel verhüllt.

Er kommt zu dem Hügel der drei Gräber.
Dort liegen die sechs Gefallenen.
Dort steht er, Betelblätter kauend.
Dort sitzt er, rote Farbe am Mund.
Er schaut in die Richtung seines Dorfes.
Sein Blick ruht auf seinem Haus.

Könnte es sein, dass du nicht weinst,
dass du nicht schluchzt die ganze Zeit?
Er weint – es ist der Morgenregen,
der feine sprühende Regen.

Was kann man machen – er ging gen Süden.
Was sollen wir tun – da vorne ist er.

In Duri sagen es alle Leute,
in Enrekan sprechen sie es aus:
»Gestern war es um diese Zeit,

er kam von Norden hier vorbei.
Er ging bei den Häusern hin und her.
Wir riefen ihn an. Er gab keine Antwort.
Wir schrien, doch er sagte kein Wort.
Antwort gab nur sein Fuß.
Es war die Sohle seines Fußes,
die eine Spur hinterließ.«

Jetzt aber ist er bei seinen Ahnen.
Hoch oben im Himmel ist sein Sitzplatz.
Voll Freude sind die Ahnen alle.
Die Vorfahren sind jetzt glücklich.
Sie gehen nun mit ihm nach Süden,
von einem Ort zum andern.

Und jetzt verschwindet er dort hinunter,
dort, wo die Sonne untergeht.
Dort wird er zu einer Kokospalme,
die über alles hinausragt.

Hoch steigt er auf zu den leuchtenden Sternen.
Jetzt ist er selbst ein Stern.
Der große Bär ist jetzt sein Nachbar.
Und die Plejaden halten ihn fest.

Wir suchen den Stern, um den Reis zu säen.
Wir wollen die Saat ausbringen.
Kein Übel soll ihn treffen, den Reis.
Wir wollen um Segen bitten.

Wir bitten um Segen für jedermann.
Es soll ihm gut ergehen.
Er soll ein langes Leben haben,
so lang wie du und ich.

Mögen uns Kinder geboren werden,
getragen auf der Hüfte.

Textfassung: Dietmar Först

Jenseitsvorstellung in Australien

Die Zeichnung australischer Aborigines zur Reise der Seele in die ewige Traumwelt zeigt links unten und rechts oben Musikanten (Brummpfeifer) und Tanzende. Der Gestorbene liegt links oben auf einem Podest, während sein Geist – die Figur rechts davon – eine lange Reise bis zur spirituellen Welt beginnt. Dabei muss sie eine große Schlange überwinden und einen Fisch mit einem Stein töten, um sich auf der Reise ernähren zu können.
Zeitgenössische Rindenzeichnung von Bunia, Groote Eylandt, Arnhemland, Australien.

In der Unterwelt der Maori

Hutu, der Orpheus der Maori, beschließt, die Edelfrau Pare, die aus Liebeskummer Selbstmord verübt hat, aus der Unterwelt zurückzuholen. Nach Vollzug priesterlicher Beschwörungen gelangt er in das Schattenreich der Schrecken erregenden Hine-nui-te-Po, der »großen Nachtfrau«, die ihm, durch ein Geschenk besänftigt, den Weg zu Pare zeigt. Die aber – schamhaft – versteckt sich vor ihm, bis es ihm gelingt, sie mit einem Baum-Schwingspiel hervorzulocken. Der Baum ist es dann auch, der die beiden in die Welt des Lichtes zurückkatapultiert. Ein Orpheus mit Erfolg!

Einst, als der Speer, den er geworfen hatte, Hutu an die Türe von Pare führte, offenbarte ihm die junge Edelfrau, deren Herz durch des Jünglings Gewandtheit und Erscheinung erobert worden war, ihre Bewunderung und Liebe, und sie forderte ihn auf, in ihr Haus einzutreten. Er aber sagte ihr ab und ging hinweg. Aufs höchste beschämt, befahl sie ihrer Dienerschaft, alles im Hause in Ordnung zu bringen. Als dies getan war, setzte sie sich abseits allein, und sie weinte, dann stand sie auf und erhängte sich.

Hutu, reumütig und in Furcht vor dem Zorn des Volkes, beschloss, ihre Seele aus der Unterwelt zu erretten. Zunächst setzte er sich nieder und sang die priesterlichen Beschwörungen, die den Tod und den Aufenthalt der Verstorbenen betreffen; dann stand er auf und machte sich auf die Reise. Er traf Hine-nui-te-Po, die »große Nachtfrau«, die im Reich der Schatten herrscht. Als Hutu sie nach dem Weg fragte, zeigte sie, übel gelaunt, wie gewöhnlich, ihm den Pfad, den die Geister der Hunde in die unteren Sphären benutzen; aber ihre Gunst wurde schließlich durch das Geschenk der Grünstein-Handkeule des Suchenden gewonnen. Besänftigt durch diese Gabe, zeigte ihm die Göttin den richtigen Weg, kochte ihm Farnkrautwurzeln und tat sie in einen Korb, wobei sie ihn ermahnte, mäßig davon zu essen, denn sie müssten für die ganze Reise genügen. Würde er die Nahrung der Unterwelt essen, so würde das bedeuten, dass er, anstatt imstande zu sein, Pares Geist zur Welt des Lichtes zurückzubringen, seine eigene Seele der Verdammnis anheim gäbe, und auf immer in den unteren Sphären verbleiben müsse. Die Göttin riet ihm ferner: »Wenn du aus dieser Welt fliegst, beuge dein Haupt so, wie du zur Welt des Dunkels hinabsteigst; doch wenn du in der Nähe der Unterwelt bist, wird von unten ein Wind gegen dich wehen, und du wirst deinen Kopf wieder erheben und dich auf deine Füße stellen können...«

Hutu kam sicher in der Unterwelt an, und als er nach dem Aufenthaltsort von Pare fragte, wurde ihm gesagt, sie sei »im Dorf«.

Obwohl das Mädchen wusste, dass Hutu gekommen war und sie suchte, versteckte sie sich aus Schamgefühl. In der Hoffnung, sie aus ihrem Haus zu locken, veranstaltete er Wettkämpfe im Kreisel- und Speerwerfen, Spiele, von denen er wusste, dass sie sie gern sah. Aber sie erschien nicht.

Schließlich, mit wundem Herzen, sagte Hutu zu den anderen: »Bringt einen sehr langen Baum und lasst uns seine Zweige abschla-

Die Firstbalken-Figur mit großen Augen und bleckender Zunge, die den Torbogen eines Maori-Hauses krönt, symbolisiert die Pforte zur Unterwelt. Der Firstbalken solcher Häuser kennzeichnete den Versammlungsplatz, von dem aus die Geister der Toten ihre Reise ins Totenland antraten.
Schnitzwerk aus dem Giebel eines Gemeinschaftshauses der Maori, 19. Jahrhundert

gen.« Als dies getan war, wurden Seile geflochten und an die Spitze gebunden, und dann wurde die Krone des Baumes bis nach unten hinabgebeugt, indem die Leute an den Seilen zogen. Hutu kletterte in die Spitze, und ein anderer Mann setzte sich hinter ihn. Dann rief Hutu:»Los!« Und der Baum schleuderte die jungen Abenteurer hoch in die Luft. Entzückt von diesem Schauspiel, schrieen die Leute vor Freude. Das war zu viel für Pare, und sie kam, um das neue Spiel mit anzusehen. Schließlich sagte sie:»Lass mich auch schwingen, aber lass mich auf deinen Schultern sitzen.«

Hutu antwortet überschwenglich:»O Pare, halte dich an meinem Hals fest!« Nachdem die Baumspitze wieder heruntergezogen war, wurde sie auf ein Zeichen losgelassen und flog so stürmisch himmelwärts, dass die Seile gegen die Unterseite der Oberwelt geschleudert wurden, wo sie im Grase am Eingang zum Reich der Schatten hängen blieben. Hutu kletterte mit Pare auf dem Rücken an den Seilen empor und kam wieder in die Welt des Lichtes. Er ging geradewegs zu der Siedlung, in der der tote Körper Pares lag, und der Geist der jungen Adligen trat wieder in ihren Körper ein, und der bekam von neuem Leben.

Erzählung der Maori

Wie Maui in der Unterwelt den Tod besiegen wollte

Maui, der listige Kulturheros Polynesiens, wollte die Menschen von der Unausweichlichkeit des Todes befreien. Er wollte sie im Diesseits unsterblich machen. Deshalb beschloss er, die Unterweltsgöttin Hine-nui-te-Po, die Repräsentantin aller Vergänglichkeit, zu töten.
Hine war, um eine inzestuöse Verbindung mit ihrem Vater zu verdecken, in die Unterwelt Po geflohen, wo sie zur gefürchteten »Göttin der Finsternis«, zur menschenverschlingenden Unterweltherrscherin mit Algenhaar, Haifischzähnen und glühenden Augen wurde. Von Vögeln begleitet, stieg Maui in die Unterwelt hinab. Er fand Hine schlafend und drang, den Vorgang des Menschenverschlingens im wahrsten Sinne des Wortes umkehrend, in Hines Schoß ein, um aus ihrem Mund wieder hervorzukommen und sie dadurch zu töten. Als aber seine Beine, die zwischen den Schenkeln der Göttin herausragten, einen der Vögel zum Lachen brachte, erwachte Hine und zerquetschte Maui erbarmungslos. Seitdem behauptet der Tod bei den Menschen seine Herrschaft.

Maui, Sohn der Göttin Hina und des Gottes Tiki, aber sterblich, lebte in den Herzen der Menschen – Maui, klug und tapfer, dessen Herz so gut war wie eine süße Frucht. Er fing Fische und bestellte das Feld. Er tanzte und sang mit den Menschen. Er erbebte vor Freude, ein Mensch unter Menschen zu sein.

Maui liebte die Menschen so sehr, dass er sie von der Macht des Todes befreien wollte. Sie sollten unsterblich sein. Er wusste, dass dies nur gelingen konnte, wenn er Hine-nui-te-Po, die düstere Unterweltsgöttin, die über Tod und Leben gebot, tötete. Gefürchtet war Hine-nui-te-Po, denn sie versuchte, alle Menschen in ihr Reich zu ziehen, um sie zu verschlingen.

Ein alter Mann kam zu Maui. Er sprach zu ihm: »Du bist ein großer Held. Die Geschichten deiner Taten machen die Runde unter Göttern und Menschen. Alle rühmen dich. Und doch lebt jemand in Po, der dich töten will. Du weißt, wer es ist. Es ist Hine, die Herrin der Nacht.«

Maui wurde zornig: »Ich habe so viele Dinge auf Erden vollbracht. Am Himmel besiegte ich die Sonne. Ich werde auch Hine besiegen, die Herrin der Nacht, die über den Tod gebietet. Ewig soll er leben, der Mensch, gleich dem Mond, der täglich ins Wasser hinabsteigt, um wiederaufzusteigen am nächtlichen Himmel. Ewig soll er leben wie die Sonne, die stets mit neuer Kraft sich erhebt.«

»Als ich dich zum erstenmal sah, mein Sohn«, sprach der Alte, »habe ich für dich gebetet. Doch ein Wort ist mir dabei entfallen. Vergebens sagte ich den Spruch. Darum bin ich verzagt, wenn ich höre, dass du zu Hine hinabsteigen willst.«

»Sage mir, Vater, wie sieht die Schreckliche aus?«

»Ihre Augen glühen wie grünes Feuer. Ihre Pupillen sind aus Nephrit. Statt der Haare hat sie Algen auf dem Kopf. Ihr Mund ist das Maul eines Hais. Wer sie erblickt, wird von Entsetzen gepackt.«

Maui aber sprach: »Ich nahm meiner Großmutter Mahuika das Feuer und brachte es den Menschen. Der Sonnengott Ra gehorcht mir. Die Sonne schreitet langsamer, damit die Menschen mehr Licht haben. Sollte ich nicht auch Hine besiegen und den Menschen Unsterblichkeit geben!?«

»Erfreue uns, Maui«, sprach der Alte. »Kehre als Sieger zurück, wie der Mond, der immer wieder zu den Sternen emporsteigt.«

Allein machte Maui sich auf den Weg. Nur kleine Vögel begleiten ihn. Sie zwitscherten ohne Pause, damit der Held fröhlich in den Kampf ziehe.

Doch Maui sprach zu den Sängern: »Die Lieder, die ihr singt, sind süß wie Zuckerrohr. Aber jetzt hört auf mit dem Singen. Eure Lieder könnten Hine wecken, wenn ich zu ihr hinabsteige. Ich muss sie im Schlaf überraschen, da ist sie wehrlos. Doch wehe mir, wenn sie mich entdeckt.«

Noch ein letztes Mal sangen die Vögel:

> Maui steigt zur Nacht hinab. Niemand steht ihm bei.
> Alles hält den Atem an.
> Nicht einmal Vogelsang begleitet ihn auf seinem Gang.

Dann wurde es totenstill. Maui sagte mit leiser Stimme: »Fürchtet euch nicht. Ich besiege Hine und befreie die Welt vom bitteren Tod. Aber jetzt bitte ich euch: Bewegt auch eure Flügel nicht mehr, damit die Schreckliche nicht aufwacht!«

Und sie kamen an den Ort, wo Hine schlief, und alle erbebten vor ihrem eisigen Atem. Schrecklich sah sie aus. Mit weit aufgerissenem Maul schlief sie, und ihre Zähne blitzten wie Messer.

Maui trat an Hine heran, packte sie bei den Beinen und schwang sich furchtlos in ihren Schoß. Als er aber sah, dass er zu groß war, um durch den Schlund hindurchzukommen, rollte er sich zusammen und wurde kleiner und kleiner.

Und da geschah es, dass ein Fliegenschnäpper ob der Verwandlung nicht mehr an sich halten konnte und laut zu lachen begann.

In dem Augenblick riss Hine ihre Augen auf und es blitzte das grüne Feuer. Und dann krachten ihre Schenkel zusammen und zermalmten den, der von seiner Mutter Hina Maui-tiki-tiki-a-Hina genannt worden war.

Dies sind die Worte der Sage, die man noch heute im Volke erzählt. Göttlich war die Kraft des Maui. Doch sein Ende war das eines Menschen.

Erzählung aus Polynesien

Totenlied der Pygmäen – Äquatorialafrika

An den Pforten des Dan, des Zugangs zur Jenseitswelt der Pygmäen, drängen sich die Seelen der Toten in Erwartung ihres Gottes Khmvum. Sie warten. Sie wissen, wenn Khmvum erscheint, wird Gericht sein: Die einen dürfen kommen. Die andern müssen gehen. Khmvum aber bleibt bei »seinen Kindern«. In seiner knappen bildhaften Sprache ist dieser zwischen Solo und Chor aufgeteilte Totengesang der in den tropischen Wäldern Zentralafrikas lebenden Pygmäen höchst eindrucksvoll.

Solo: Die Pforten des Dan
sind geschlossen.

Chor: Geschlossen die Pforten des Dan.

Solo: Dort drängen sich dicht die Seelen der Toten
in Massen wie schwärmende Mücken,
wie schwärmende Mücken im Abendtanz.

Chor: Im Abendtanz.

Solo: Die Schwärme der Mücken, die am Abend tanzen,
wenn die Nacht ganz schwarz geworden,
wenn die Sonne dahingeschwunden,
wenn die Nacht ganz schwarz geworden,
die schwärmenden Mücken,
der Wirbel der Blätter
im brausenden Sturmwind.

Chor: Im brausenden Sturmwind.

Solo: Sie warten auf den, der da kommen wird.

Chor: Der kommen wird.

Solo: Der sprechen wird:
Zu diesem: »Komm!«, zu jenem: »Geh!«

Chor: Zu diesem: »Komm!«, zu jenem: »Geh!«

Solo: Und Khmvum wird bei seinen Kindern sein.

Chor: Bei seinen Kindern.

Alle: Und das ist das Ende!

Zwergvolk, Äquatorialafrika

Jenseitsvorstellungen der Eweer in Südtogo

Als Teil ihrer Identität bewahren viele afrikanische Völker noch immer – trotz Kolonialisierung und des Einflusses von Christentum und Islam – ihre alten religiösen Überlieferungen.
Die Eweer in Südtogo haben (wie andere Kulturen) ein dreigestuftes Weltbild: Himmel – Erde – Unterwelt. Über den Himmel machen sie keine weiteren Aussagen. Vielmehr gelangen alle Toten in die Unterwelt. Diese besteht aus drei streng voneinander getrennten Totenstädten. Eine Stadt ist für die guten Geister, die hier freudig und festlich begrüßt werden. Die beiden anderen Totenstädte sind für die Nichtswürdigen und für die Mörder bestimmt. Grundsätzlich gibt es keine Rückkehr, es sei denn, ein Priester erkläre ein neugeborenes Kind für einen Wiedergeborenen aus der Unterwelt.

Jenseits eines breiten Stromes liegt die Unterwelt, Bleibeort der Toten. Und weil alle Menschen dorthin kommen, nennen sie es die Große Heimat. Nie, nie wieder kehren sie zurück. Tritt ein Verstorbener seine Reise in die Unterwelt an, wird er mit Wegzehrung ausgerüstet, mit Geld für die Überfahrt und Geschenken für seine dortigen Angehörigen. Man hängt ihm Kaurimuscheln um den Hals, damit er sich unterwegs Speise kaufen kann. Er hat eine Tabakspfeife, Matten und eine Schnupftabaksdose bei sich.
Sein Weg führt ihn zum Aguberg. Auf dessen Spitze angekommen stürzt er plötzlich in einen großen Abgrund und steht an den Ufern des Stromes. Er bezahlt seine Überfahrt und wandert am jenseitigen Ufer noch lange weiter bis er die Totenstadt erblickt. Mit Freuden kommen die Einwohner ihm entgegen und geleiten ihn in sein Haus zu seinen Vorfahren. Ein Fest ist seine Ankunft. Fröhlichkeit bringen seine Geschenke, Gaben aus der anderen Welt. Es gehen Könige zu den Königen, Sprecher zu den Sprechern, Männer zu den Männern und Frauen zu den Frauen.
Die Unterwelt liegt unter unserer Erde. Es ist das der dritte Raum. Der zweite ist die Erde, die Fläche im Unteren. Und darüber der Himmel, die Gegend im Oberen, der dritte Raum. Wenn es auf unserer Erde Nacht wird, so bricht in der Unterwelt der Tag an.
In der Unterwelt befinden sich verschiedene Städte, nahe beisammen, doch niemand kann seine Stadt verlassen um eine andere zu besuchen. So leben die guten Geister, die Nichtswürdigen, die Menschenmörder getrennt.

Die Bewohner der Unterwelt können nicht mehr sterben, sie sehen alles, was in der Welt des Sichtbaren vorgeht, auch ihre eigene Beerdigung.
Wer vieles in der Unterwelt zu leiden hat, möchte wieder zurück und Mensch werden. Manchmal sieht ein Priester in einem Neugeborenen Ähnlichkeiten mit seinen Vorfahren, dann sagt er, dies ist ein Beweis, dass ein Mensch aus der Unterwelt zurückgekehrt und wieder Mensch geworden sei.

Erzählung der Eweer

Die Benin in Westafrika, die seit Jahrhunderten für ihre Bronzeplastiken berühmt sind, kennen einen Todesdämon als Wächterfigur für die Ahnengebeine. Es ist ein Kopffüßler mit übergroßem Kopf.
Bronzeplatte der Benin, Westafrika.

Überfahrt in die Stadt Gottes – Vorstellungen der Kpelle in Liberia

Die Kpelle sprechen von »Gott«. Ihr Jenseitsland ist die »Stadt Gottes« auf der anderen Seite eines tiefen Stroms, den der Sterbende mit Hilfe jenseitiger Verwandter in einem Einbaum überquert. Erst dann hört er auf zu atmen. Erst dann beginnen die diesseitigen Angehörigen mit ihren Klagegesängen.

Der kurze Text ist 1914 von Diedrich Westermann nach einem Bericht des Missionars H. Rohde und eines Eingeborenen namens Kwei aufgezeichnet worden. Christliche Einflüsse erscheinen nicht ausgeschlossen.

Man sagt: Wenn jemand stirbt, so geht er zu Gott. Man kommt an einen großen, tiefen Strom; an der anderen Seite ist die Stadt Gottes. Kommt man an den Fluss, dann ruft man hinüber: »Vater, komm und hole mich!« Längst Verstorbene kommen dann mit einem Einbaum herüber, dahin, wo man steht. Sie werfen den Rufenden mit in den Einbaum, aber sie sprechen nicht mit ihm. Der Einbaum ist sehr unsicher und schwankt stark, und man muss Acht geben, dass man nicht ins Wasser fällt. Ist man übergesetzt, dann hört man auf zu atmen, und die Angehörigen fangen an zu weinen und zu klagen.

Erzählung der Kpelle

Das Mädchen Marwe –
Eine Unterweltsreise bei den Bantu in Zentralafrika

Reisen zu den Toten im Jenseits finden sich in den Mythen aller Völker. Sie repräsentieren ein archaisches Muster: Die Phantasie der Menschen erging sich in der Vorstellung, dass man mit den Seelen in der anderen Welt Kontakt aufnehmen, ja, sie besuchen könne. Schamanen versuchten und versuchen dies z. B. über den Weg der Ekstase, so in Sibirien, Nordamerika, Afrika.
Aber es gibt auch ganz einfache (Rückkehr ermöglichende) Zugänge zur Welt der Seelen, wie die nachfolgende märchenhafte Erzählung des afrikanischen Volkes der Bantu zeigt.

Marwe heißt das Mädchen vom Volk der Bantu. Marwe lebt bei ihren Eltern im Dorf. Sie hat eine regelmäßige Arbeit zu verrichten. Ihre Aufgabe ist es, die Affen vom Bohnenfeld fernzuhalten. Die Bohnen sind für die Familie ein wichtiges Nahrungsmittel. Doch eines Tages verfällt Marwe in einen Wachtraum und vergisst die Affen. Und schon fallen sie über das Bohnenfeld her und fressen alles auf. Tief erschrocken ist Marwe, als sie das bemerkt. Ja, sie ist verzweifelt. Was werden die Eltern sagen? Das Bohnenfeld ist ihr ein und alles. Marwe weiß nicht mehr ein und aus. Der Zorn der Eltern wird sie treffen.

Da läuft sie zum See hinter dem Feld und stürzt sich hinein. Marwe versinkt. Doch eins weiß Marwe nicht: Tief unten im See ist der Eingang zur Geisterwelt, wo die Seele der Ahnen wohnen. Marwe sinkt hinab. Und da sieht sie einen Tunnel. Sie geht hinein, Schritt für Schritt, immer weiter. Und am Ende des Tunnels kommt sie in eine seltsame, von Dämmer erfüllte Welt. Es ist die Welt ihrer Ahnen. Und sie sieht die Ahnengeister, wie sie sich still bewegen und miteinander sprechen.

Sie sieht eine Hütte. Eine Geisterfrau kommt heraus: »Du kannst bei mir bleiben, wenn du mir bei der Hausarbeit hilfst.« »Ja«, sagt Marwe, »das will ich.«

Und so arbeitet sie für die Geisterfrau, wie sie für ihre Eltern gearbeitet hat. Und sie kocht das Essen. Doch niemals nimmt sie von der Speise. Die Eltern haben es ihr erzählt: »Wer von der Speise der Toten isst, kann das Totenreich niemals wieder verlassen.« Marwe ist auf der Hut. Lieber bleibt sie hungrig.

Aber dann hat sie das Verlangen, in die Welt der Lebenden zurückzukehren. Tiefes Heimweh überfällt sie. Da spricht sie zu der Geisterfrau: »Ich möchte heim!« »Du darfst zurück«, spricht jene. »Doch musst du eine Bedingung erfüllen: Du musst deine Hände und Arme in beinahe kochendes oder beinahe gefrierendes Wasser tauchen!«

Was hat das zu bedeuten? Marwe überlegt. Aber dann taucht sie ihre Hände und die Arme in das beinahe gefrierende Wasser.

Sie hat die rechte Wahl getroffen. Denn als sie die Arme wieder hervorzieht, funkeln sie von edelsteinbesetzten Reifen aus reinem Gold.

Voller Freude verlässt Marwe die Welt ihrer Ahnen, die Geisterwelt. Sie macht sich auf den Heimweg. Sie kommt zurück durch den Tunnel und taucht aus dem See wieder hervor.

Froh sind ihre Eltern, als sie die vermisste Tochter wieder bei sich haben. Marwe aber freut sich an dem kostbaren Schmuck. Sie ist jetzt reich. Und als reiches Mädchen kann sie den Mann heiraten, den sie liebt. Er hat eine Hautkrankheit. Aber das macht ihr nichts aus. Die Liebe ist stärker.

Und es geschieht nach einer Zeit: Der junge Mann wird geheilt. Und als seine Haut wieder glatt und rein ist, sieht man: Er ist der schönste Jüngling weit und breit.

Erzählung der Bantu

Ein sibirischer Schamane führt eine Seele in die Unterwelt

In der Glaubenswelt der Sibirier ist der Schamane die zentrale Gestalt. Er vermittelt zwischen der Welt der Menschen und der transzendentalen Welt. Er kann sich in Ekstase versetzen und in diesem Bewusstseinszustand Jenseitsreisen unternehmen, um in der Geisterwelt zu kommunizieren. Meist geschieht das, um einer Seele zu helfen.
Die nachfolgende Erzählung beschreibt, wie ein Schamane nach vielerlei Zeremonien und unter Bewältigung mancher Schwierigkeiten die Seele eines Verstorbenen aus dem altaischen Volk der Golden in die Unterwelt führt. Diese entspricht als Dorf mit Jurten, Rentieren und Hunden der diesseitigen Lebenswelt der Sibirier. Aufgabe des Schamanen ist es, die Seele des Toten bei den Seelen seiner verstorbenen Verwandten abzuliefern. Dann kann er wieder zurückkehren.

Die Golden haben zwei Totenzeremonien: das nimgan, das sieben Tage oder länger nach dem Tod stattfindet, und das kazatauri, die große Zeremonie, die einige Zeit nach der ersten vollzogen und an deren Ende die Seele in die Unterwelt geführt wird.

Während des nimgan tritt der Schamane mit seiner Trommel in das Haus des Toten ein, sucht dessen Seele, fängt sie und bannt sie in ein Kissen (fanya). Es folgt ein gemeinsames Essen, an dem alle Verwandten und Freunde des Verstorbenen teilnehmen, auch der im fanya anwesende Tote. Der Schamane bringt ihm Branntwein.

Das kazatauri beginnt ebenso. Der Schamane legt seine Tracht an, nimmt seine Trommel und macht sich auf, die entwichene Seele in der Umgebung der Jurten zu suchen. Die ganze Zeit über tanzt er und berichtet über die Schwierigkeiten des Weges in die Unterwelt. Schließlich fängt er die Seele ein und bringt sie wieder ins Haus, wo er sie erneut in das fanya bannt. Das gemeinsame Essen setzt sich bis spät in die Nacht hinein fort, und Lebensmittel, die übrig bleiben, werden vom Schamanen ins Feuer geworfen. Die Frauen bringen ein Bett in die Jurte, der Schamane legt das fanya hinein, bedeckt es mit einer Decke und sagt dem Toten, er solle schlafen.

Am folgenden Tag zieht der Schamane wieder seine Tracht an und weckt den Toten mit Trommelgeräusch. Es folgt ein weiteres Essen, und abends legt er das fanya wieder ins Bett und deckt es zu.

Schließlich beginnt der Schamane eines Morgens seinen Gesang und rät dem Toten, gut zu essen, aber mäßig zu trinken; denn die jetzt

Tungusischer Schamane mit Geweihmaske, Trommel und Schlegel. Er ist ganz in behaartes Leder gekleidet. Finger- und Fußnägel sind ihm zu Krallen gewachsen. Durch Trommeln, Tanzen und Singen erlangt der Schamane die Ekstase, die ihn auf seiner Seelenreise zum Vermittler zwischen den Angehörigen seines Stammes und deren Ahnengeistern werden lässt.

Kupferstich aus dem sibirischen Reisebericht des Holländers Nicolaus Witsen, Mitte des 17. Jahrhunderts.

beginnende Reise in die Unterwelt ist für einen Betrunkenen außerordentlich schwierig. Bei Sonnenuntergang werden die Vorbereitungen für die Abreise getroffen. Der Schamane singt, tanzt und beschmiert sein Gesicht mit Ruß. Er ruft seine Hilfsgeister herbei und bittet sie, ihn und den Toten ins Jenseits zu führen. Er verlässt die Jurte für einige Minuten und steigt auf einen Baum mit Einkerbungen, der vorher errichtet wurde; von dort sieht er den Weg in die Unterwelt. Er hat den Weltenbaum erstiegen und befindet sich auf dem Gipfel der Welt.

Nachdem er zur Jurte zurückgekehrt ist, ruft er zwei mächtige Schutzgeister zur Hilfe: butchu, ein einbeiniges Monstrum mit menschlichem Gesicht und Federn, und koori, einen Vogel mit langem Hals. Ohne die Hilfe dieser beiden Geister könnte der Schamane nicht aus der Unterwelt zurückkommen; er vollzieht den schlimmsten Teil des Rückweges sitzend auf kooris Rücken.

Nachdem er bis zur Erschöpfung schamanisiert hat, setzt er sich, nach Westen blickend, auf ein Brett, das einen sibirischen Schlitten darstellt. Das fanya, das die Seele des Toten enthält, und ein Korb mit Lebensmitteln werden neben ihn gestellt. Der Schamane bittet die Geister, die Hunde vor den Schlitten zu spannen, und er verlangt auch einen »Diener« zur Gesellschaft auf der Reise. Dann reist er ab in das Land der Toten.

Die Gesänge, die er anstimmt, und die Worte, die er mit dem »Diener« wechselt, lassen seinen Reiseweg verfolgen. Zunächst ist der Weg leicht, doch die Schwierigkeiten wachsen, je näher sie dem Land der Toten kommen.

Ein großer Fluß versperrt den Weg, und nur ein guter Schamane kann sein Gefährt ans andere Ufer bringen.

Etwas später bemerken sie Spuren von Menschen: Fußspuren, Asche, Holzstücke – das Dorf der Toten ist nicht mehr weit. Und jetzt ist tatsächlich Hundegebell zu hören, der Rauch aus den Jurten ist zu sehen, das erste Rentier erscheint.

Der Schamane und der Tote haben die Unterwelt erreicht. Sofort versammeln sich die dortigen Toten und fragen den Schamanen nach seinem Namen und nach dem des Neuangekommenen. Der Schamane hütet sich, seinen wahren Namen zu sagen; er sucht unter der Menge der Geister die nahen Verwandten der Seele, die er bringt, damit er sie ihnen anvertrauen kann.

Wenn er das getan hat, beeilt er sich, auf die Erde zurückzukehren, und wenn er dort angekommen ist, gibt er einen ausführlichen Bericht über alles, was er im Land der Toten gesehen hat samt den Eindrücken des Toten, den er begleitet hat. Er bringt jedem der Anwesenden Grüße von den verstorbenen Verwandten, und er verteilt sogar kleine Geschenke von ihnen. Am Ende der Zeremonie wirft der Schamane das fanya ins Feuer. Damit enden die strengen Verpflichtungen der Lebenden gegenüber den Toten.

Erzählung der Golden

Auf dieser Schamanentrommel der sibirischen Selkupen wurzelt der Weltenbaum in der dreischichtigen Unterwelt. Die oberen Astpaare stehen für die drei Himmelsschichten. Unter-, Mittel- und Oberwelt miteinander verbindend, trägt der Weltenbaum das Himmelszelt. Die Menschenwelt in der Mitte ist nicht näher bezeichnet. Sonne und Mond stehen für Tag und Nacht. Der Schamane, auf seinem Schlitten vom mythischen Rentier gezogen, kann auf seiner ekstatischen Seelenreise sowohl zu den Toten in der Unterwelt wie in die himmlische Oberwelt gelangen.
Zeichnung nach einer Schamanentrommel der sibirischen Selkupen.

Das Wissen der heiligen Männer über das Jenseits – Lakota

Ein verbindlicher Jenseitsmythos oder eine entsprechende Lehre existierte, soweit wir wissen, bei den nordamerikanischen Indianern nicht. So haben die »heiligen alten Männer« der Prärie-Völker nur ein vages Bild von dem, was die Seele nach dem Tod erwartet. Ihr Wissen ist sogar in ihren eigenen Augen eher Mutmaßung.

Dass es dennoch volkstümliche Erzählungen über das Leben im Jenseits gibt – zwei der nachfolgenden Texte sind Beispiele dafür – muss nicht verwundern. Einen solchen Kontrast kennen wir auch aus anderen Religionen.

Was die heiligen Männer der Lakota (der westlichen Sioux) über das Jenseits zu sagen wussten, haben sie Ende des 19. Jahrhunderts dem Arzt und Hobby-Ethnologen James Walker, den sie als geweihten Schamanen zu einem der Ihren machten, anvertraut. Seine Interviews mit den Lakota wurden sorgfältig ediert.

Dies wissen die heiligen Männer der Lakota zu berichten:

Im Menschen leben seine Atem-Seele und seine Geist-Seele. Die Geist-Seele bildet die Persönlichkeit des Menschen. Stirbt der Mensch, so geht sie in das »Land der Seelen« ein. Zugleich bleibt sie den unsichtbaren Kräften der Schöpfung, die schon vor Raum und Zeit da waren, verbunden.

Wo das Land der Seelen liegt – keiner weiß es.

Manche glauben, es sei im Westen, wo Wakínyan, der mächtige Westwind, einst die Tiere schuf. Andere sagen, es liege im Süden, dort wo die Milchstraße hinführt, über die die Seelen, das Land der Geister suchend, wandern. Wieder andere meinen, es liege jenseits der großen Föhren im Norden, wo Waziya, der eisige Nordwind, haust.

Wohin auch immer die Geist-Seele nach dem Tode geht, es ist ein langer Weg, und so geben wir Lakota ihr Speise mit für diese Reise und Dinge, die sie zuvor in ihrem Leben schätzte.

Zunächst hält sich die Seele noch für kurze Zeit in der Nähe des toten Körpers auf. In dieser Zeit sollte man sie gut behandeln. Geschieht das nicht, kann sie Menschen Böses zufügen. Dann aber macht sie sich auf ihre lange Reise. Sie wird begleitet von einem guten Geist, der ihr den rechten Weg zeigt. Darüber ist sie glücklich. Über eine andere Menschenseele als Gefährtin wäre sie noch glücklicher. Sogar über die Seele eines Tieres, das ihr gehörte, wäre sie froh. Darum opfern wir Lakota auch einen Hund oder ein Pferd des Toten.

Die nordamerikanischen Indianer bestatteten ihre Toten auf Plattformen, damit der Körper den Elementen ausgesetzt, gleichzeitig aber vor hungrigen Tieren geschützt war. Dann, so glaubten sie, konnte die Seele frei dorthin wandern, wo sie herkam: »Sein Geist finde den Weg in die Welt der Ahnen, getragen vom Wind über die Pracht und Schönheit der Erde« (Gelber Wolf, Kiowa, 1920). Auf dem Bild liegt der Verstorbene unter Fellen auf dem Gerüst. Sein Speer ragt nach oben. An den Tragbalken geopferte Pferdeköpfe und -schwänze. Unter dem Gerüst im Schneesturm ein Angehöriger mit seinem Pferd.
And They Moved Without Him, Zeichnung von Blackbear Bosin (Kiowa-Comanche), um 1956.

Und wir geben der Seele reiche Geschenke mit, damit sie stolz und ehrenvoll ins Land der Seelen eintreten kann. Gäben wir ihr nichts, sie müsste voller Scham in das andere Land kommen, so als hätten die Lebenden kein Herz für sie.

Die Reise ist gefährlich. Die Geist-Seele muss auf einem sehr schmalen Baum einen Fluss überqueren. Hat sie Angst davor, muss sie auf die Erde zurückkehren und dort für immer ziellos umherirren. Überquert sie den Fluss, hat sie das Land der Seelen erreicht. Die Seele eines guten Lakota wird keine Angst haben.

Wie die Seelen in ihrem Land leben und was sie dort tun, das aber bleibt ein großes Geheimnis. Nur einige weise Schamanen vermögen mit den Seelen dort zu sprechen. Und manchmal sagt ihnen eine Seele Dinge voraus, die sich ereignen werden. Oder sie hilft, einen Kranken zu heilen. Es kommt auch vor, dass eine Seele in einer Traumvision zu einem Angehörigen spricht. Vom Land der Seelen jedoch zeigt sie ihm nichts.

Die Seelen (Menschenseelen, Tierseelen, auch »Seelen« von Dingen) im Jenseitsland sind unzählbar, zugleich aber bilden sie eine Einheit, so wie die Kraft der vielgestaltigen Schöpfung nur eine ist.

Neben den Seelen gibt es eine Gruppe sehr mächtiger Geister, die der heiligen Liebeskraft, die der Weisheit, auch die des Wetters und der Spiele. Sie können den Menschen zwar in bestimmter Gestalt erscheinen, doch in Wirklichkeit bleiben sie unkörperlich-schattenhaft. Das ist das Wissen der heiligen Männer.

James R. Walker

Das Land der Seelen – Sioux

Dass die Seele eines Verstorbenen im Jenseits die Verwandten wiedersehen und mit ihnen glücklich sein wird, ist ein Gedanke, den viele Sioux noch heute voller Zuversicht hegen. Einig sind sie sich auch darin, dass die Atem-Seele (Niya) nach dem Tod wieder in den großen Atem des Universums eingeht – der Körper zerfällt und wird zur Nahrung für neues Leben. Die Geist-Seele (Nachí) aber wird eins mit der unsichtbaren Kraft Wakan Tankas, des Schöpfers (Wakan Tanka = »Großes Geheimnis«, »Große Heilige Kraft«). Wenn einige Lakota und Dakota glauben, das »Land der Seelen« sei »weit im Norden hinter den Föhren«, so kann hier historische Erinnerung eine Rolle spielen, denn viele von ihnen lebten in vorgeschichtlicher Zeit vermutlich in den Wäldern Kanadas.

In das Jenseitsland gelangen nur die Seelen der Menschen, nicht die der (jagdbaren) Tiere. Darum kann man bei den Sioux von »ewigen Jagdgründen« nicht sprechen.

Erzählt wird, dass die Seelen im Jenseitsland Wohpe treffen, die göttliche Botin, die den Sioux vor langer Zeit die Heilige Pfeife brachte – das Herz und die Mitte ihres religiösen Lebens. Sie lehrte die Menschen damals, mit der Friedenspfeife zu beten. Danach entschwand sie in der Gestalt eines weißen Bisons – bis heute als »Weiße Büffelkuh-Frau« hoch verehrt. »Alle lebenden Wesen und alle Dinge des Weltalls«, so sagte Wohpe damals, »gesellen sich zu dem, der die Pfeife raucht. Wenn ihr mit dieser Pfeife betet, betet ihr für alle und mit allen, auch mit den Seelen der Verstorbenen.«

Das Land, in das die Seelen gehen, liegt weit im Norden, jenseits der tiefen Wälder hinter den Föhren, wo Waziya wohnt, der Nordwind. Dort leben die Seelen glücklich und leiden keinerlei Not. Sie brauchen sich nicht mehr den Mühen und Gefahren der Jagd auszusetzen. Sie feiern und tanzen nach Herzenslust, wann immer ihnen danach ist.

Wenn die schöne Göttin Wohpe mit ihnen tanzt und wie ein junger Büffel sich dreht und herumwirbelt, dann blitzt das helle Licht ihrer Haare durch die klare Luft, und die Menschen auf Erden können es weit in der Ferne hinter den Wäldern aufscheinen sehen – als Nordlicht.

Wenn aber Wazíya, der Nordwind, um die Seelen herumtanzt, dann kommt sein eisiger Atem mit Kälte und Schnee auch zu den Menschen. Er geht ihnen durch Mark und Bein, aber er reinigt ihre Seelen auch. Wazíyas Hilfsgeister sind die weiße Eule, der Rabe und der Wolf, die dann und wann die Menschen besuchen, um ihnen von den Seelen der Verstorbenen Kunde zu bringen.

Wazíyas Tipi steht *vor* dem Jenseitsland, und alle Seelen müssen auf ihrem Weg dort vorbei und Wazíya aus ihrem Leben berichten. Er fragt sie, ob sie auf der Erde Weisheit erlangt haben. Wenn einer in seinem Volk nicht gut gelebt und die Lebensregeln der Sioux missachtet hat, dann lässt Wazíya ihn auf dem spiegelglatten Weg vor seinem Tipi ausrutschen. Er fällt dann wieder zur Erde hinab, wo er hinfort umherstreifen muss, unsichtbar, hungrig und nackt. Einsam und verzweifelt wird diese verlorene Seele die Menschen ängstigen, wird sie als Schatten-Geist bei Nacht erschrecken; und manche, die schon zu Lebzeiten Böses im Schilde führen, werden dieser Seele dienen und dadurch wieder andere Menschen ins Verderben stürzen.

Doch kann auch diese Seele eine zweite Chance erhalten. Wieder für würdig erachtet, lässt Wazíya sie passieren. Sie gelangt ins Land der Seelen, wo ihre Vorfahren sie freudig begrüßen. Vereint mit Wakan Tanka lebt sie jetzt leicht und unbeschwert, denn jenseits von Wazíyas Wohnstatt ist es lieblich, niemals zu kalt und niemals zu heiß.

Die Seelen der Vögel und der Tiere aber kommen niemals an Wazíyas Tipi vorbei. Schon von fern schrecken sie vor seinem eisigen Atem zurück und fliehen nach Süden in das Land Okagas, der über den warmen Südwind gebietet.

Die Seelen im Jenseitsland aber erfreuen sich an den Gaben der Lebenden. Es ist eine hohe Tugend bei den Sioux, freigebig zu sein, und so opfern sie bei ihren Zeremonien Speisen für die Seelen. Und das rührt die Seelen, denn der Geist dieser Opfer erreicht sie.

Zuweilen kommen die Seelen ihren irdischen Verwandten nahe, indem sie ihnen in einer Vision erscheinen. Die Sioux aber wissen, wenn sie ihre heilige Pfeife, die Wohpe ihnen einst gab, zum Gebet stopfen, dann ist die ganze Welt darin enthalten, in jedem Tabakkrümelchen eines der zahllosen Geschöpfe. Und steigt der Rauch der entzündeten Pfeife ins Unsichtbare auf, dann fühlen die Sioux sich zutiefst mit den Seelen ihrer Verstorbenen verbunden.

Dietmar Först

Die Seelen der Toten helfen den Lebenden – Vision eines Sioux

Dass die Seelen der Toten zu den Lebenden sprechen und ihnen Kraft und Hilfe geben können, ist als Vorstellung bei den Indianern in ganz Nordamerika verbreitet. Eine derartige Kommunikation ereignet sich häufig im Traum. Eine besondere Form kennen die Prärieindianer. Bei ihnen ist es seit altersher Brauch, dass ein junger Mann (heute kann es auch eine junge Frau sein) in die Einsamkeit geht und in einer Visionsgrube auf einem Hügel um eine Vision bittet. Einer der Geister der Schöpfung, so hofft er, wird ihm eine Weisung für sein Leben geben.

Vielleicht aber erscheint ihm auch die Seele eines seiner Vorfahren. So erging es z. B. dem Minneconjou-Sioux Lahmer Hirsch (1901–1977), als er – er war noch ein Junge – vom Visionshügel hoch in das Reich der Geister emporgetragen wurde. Dieses Erlebnis hat er dem Schriftsteller Richard Erdoes erzählt.

Ich saß in der Grube. Durch die Dunkelheit drangen Töne zu mir, das Heulen des Windes, das Rauschen der Bäume, die Laute der Tiere, der Schrei einer Eule. Plötzlich fühlte ich eine überwältigende Anwesenheit. Ein großer Vogel war mit mir zusammen in meinem Loch. Zugleich flog er um mich herum, als ob er den ganzen Himmel für sich hätte. Ich hörte seinen Schrei, manchmal nah, manchmal weit weg. Ich spürte, wie seine Flügel meinen Rücken, meinen Kopf berührten. Das Gefühl war überwältigend. Ich konnte es nicht mehr aushalten. Ich nahm die heilige Pfeife in die Hand und fing an zu beten.

Ich weiß nicht, was in mich gefahren war, aber ich war nicht mehr ich selbst. Ich betete, doch meine Stimme war anders als sonst. Sie

Nordamerika 141

Eine indianische Vision von himmlischen Reitern in der jenseitigen Welt. Wer mit der heiligen Pfeife tief meditierend betet, kann hierher entrückt werden, die Erde und sein Leben von oben betrachten sowie eine Botschaft der Ahnen erhalten. *Zeitgenössische Zeichnung der Sioux.*

klang wie die Stimme eines alten Mannes. Mein Gebet waren uralte Worte, Worte, die ich aus meinem Alltag nicht kannte. Langsam begriff ich: Es war eine andere Stimme, die zu mir sprach. Manchmal klang es wie ein Vogelschrei, und doch begann ich einiges zu verstehen.

Plötzlich war ich oben bei den Vögeln. Der Hügel mit der Visionsgrube schwebte hoch über allem anderen. So hoch stieg ich hinauf, dass ich auf die Sterne herabschauen konnte, und der Mond war links von mir.

Die Stimme aber sprach: »Du bringst dich hier als Opfer dar, um ein Medizinmann zu werden. Wenn die Zeit gekommen ist, wirst du es sein. Du wirst andere Medizinmänner unterweisen. Wir sind das Volk mit Schwingen, die Geflügelten, die Adler und die Eulen. Du wirst unsere Stimmen verstehen – jedesmal, wenn du auf diesen Hügel steigst, um eine Vision zu suchen. Du wirst über Pflanzen und Wurzeln Bescheid wissen, und du wirst Menschen heilen. Du wirst keine Gegenleistung von ihnen verlangen. Das Leben eines Mannes ist kurz. Sieh zu, dass deines etwas wert ist!«

Ich fühlte, dass diese Stimme gut war, und langsam wurde ich ruhig. Jegliches Zeitgefühl aber hatte ich verloren.

Da war ich plötzlich wieder in meiner Grube, und ich sah eine Gestalt vor mir. Sie wuchs aus der Dunkelheit und dem wirbelnden Nebel heraus. Ich sah, es war mein Urgroßvater Tahca Ushte, Lahmer Hirsch. Aus seiner Brust floss noch das Blut, dort, wo ein weißer Soldat ihn seinerzeit getroffen hatte. Ich begriff, dass mein Urgroßvater wünschte, ich solle seinen Namen annehmen. Das machte mich unaussprechlich glücklich. Kraft durchflutete mich. Sie füllte mich ganz aus. Vor Glück begann ich zu weinen...

Als der Medizinmann mich sanft an meiner Schulter rüttelte, um mich abzuholen, sagte er, ich sei jetzt vier Tage und vier Nächte in der Visionsgrube gewesen und es sei Zeit für den Abstieg. Er sagte auch, ich sei jetzt kein Junge mehr, ich sei ein Mann. Ja, ich war Tahca Ushte, Lahmer Hirsch!

Richard Erdoes

Die »glücklichen Jagdgründe« der Lenape

Nicht zuletzt bei Europäern populär sind indianische Erzählungen über die »ewigen Jagdgründe«, wo es Wild im Überfluss gibt und das Los der ehrenvoll Verstorbenen – als Belohnung für ein schweres Leben im Diesseits – wie eitel Wonne erscheint. Ein gutes Beispiel dafür ist die nachfolgende Erzählung. Die Lenape (bekannter unter dem von den Engländern erfundenen Namen Delaware), ein Algonkin sprechendes Volk, waren ursprünglich an der Atlantikküste beheimatet. Dem Landhunger der Engländer und später dem der Amerikaner im 18./19. Jahrhundert immer weiter nach Westen weichend, siedelten die meisten von ihnen schließlich in Oklahoma. Die hier gebotene Darstellung ihrer »glücklichen Jagdgründe« basiert auf der Schilderung, die der Lenape Watomika, Sohn eines indianischen Vaters und einer französischen Mutter, 1855 dem Jesuitenmissionar de Smet gab. Sie enthält Anklänge an die Lebenswelt der Algonkin-, aber auch an die der Prärie-Völker, und ist in ihrer Ausgestaltung maßgeblich durch Erzählungen christlicher Missionare beeinflusst. Seit ihrer Erstveröffentlichung durch Pater de Smet im 19. Jahrhundert wurde diese Schilderung in zahlreichen Büchern immer wieder abgedruckt.

Wie die Lenape erzählen, ist das Land des zukünftigen Lebens eine Insel von hinreißender Schönheit und großer Ausdehnung. Ein hoher Berg erhebt sich majestätisch im Zentrum, und auf dem Gipfel dieses Berges befindet sich die Wohnung des Großen Guten Geistes.

Von dort überschaut er sein weites Reich, die Läufe der tausend Ströme, die sich, klar wie Kristall, dort hinziehen, die schattigen Wälder, die mit Blumen übersäten Ebenen, die stillen Seen.

Vögel mit schönstem Gefieder erfüllen die Wälder mit ihren süßen Melodien. Büffel, Hirsche, Eichhörnchen, Kraniche und viele andre edle Tiere in unzählbaren friedlichen Scharen finden sich auf den üppigen Ebenen. Die Seen werden niemals von Stürmen gepeitscht. Der Schlamm mengt sich niemals mit dem klaren Wasser der Flüsse. Otter, Biber, Wasservögel und Fische aller Arten gibt es dort im Überfluss.

In diesem Land des Lebens herrscht ewiger Frühling. Die seligen Seelen, die dort zugelassen sind, erhalten alle ihre Kräfte, die sie als Menschen besaßen, zurück. Vor jeglicher Krankheit sind sie bewahrt. Sie fühlen keine Ermüdung, weder bei der Jagd noch bei anderen angenehmen Übungen, die der Große Gute Geist ihnen gewährt. Niemals haben sie das Bedürfnis, Ruhe suchen zu müssen.

Unausdenkbar lange leben die Seelen in diesem wahrhaft glücklichen Jagdgrund, einem Land, wo das Leben ähnlich wie auf Erden verläuft, ausgenommen, dass Schmerz, Krankheit und Sorge unbekannt sind und unangenehme Arbeit und Mühe dort keine Stätte haben.

Dort werden die Kinder ihre Eltern wieder treffen und die Eltern ihre verstorbenen Kinder. Alles dort ist allezeit neu und glänzend. Die Sonne aber ist nicht wie auf Erden. Der Schöpfer lässt ein viel helleres Licht leuchten.

Alle Menschen, die auf Erden starben, ob jung oder alt, schauen hier gleich alt aus. Und die Blinden und Krüppel sind vollkommen gesund. Nur das Fleisch wurde geschädigt, nicht aber der Geist.

Dieses Paradies ist jedoch nur für die Guten, für diejenigen, die gütig gegen ihre Mitmenschen waren und die ihre Pflichten gegenüber ihrem Volk erfüllt haben. Von den Bösen der Welt wird wenig gesagt, außer dass sie von dem glücklichen Land der Seelen ausgeschlossen sind.

J. de Smet

Im Land der Toten – Serraño

Die Erzählung der Serraño aus Kalifornien bringt die volkstümliche Ebene der »ewigen Jagdgründe« mit dem Motiv der gefährlichen Reise eines Lebenden in das Reich der Toten zusammen. Zwar sind die religiösen Traditionen der Serraño durch jahrhundertelange Kontakte mit Spaniern, dann mit weißen Amerikanern weitgehend verschüttet, doch zeigt die nachfolgende Geschichte trotz Unterwerfung und Missionierung keine merklichen christlichen Einflüsse. Vielmehr enthält sie genuin indianische Motive, wie sie auch bei anderen Völkern des Kontinents vorkommen. Die Reise des Jägers in das Land der Toten erinnert an das Orpheus-Motiv, nur in Umkehrung der Rollen, denn hier ist es die Frau, die ihren Mann ins Reich der Lebenden zurückzubringen versucht, was ihr anders als im griechischen Mythos mit Hilfe der Toten auch gelingt. Forscher fanden in Nordamerika Anklänge an die griechische Mythenwelt, die keine Adaption, vielmehr archaische Muster menschlichen Erlebens und Deutens sind.
In der Erzählung tritt das Mitfühlen der Toten für ihren lebenden Verwandten hervor. Doch ist das Totenland kein Ort für Lebende. Nach Rückkehr ins Lebensland kann der indianische Jäger indes die ehelichen Freuden mit seiner Frau nicht genießen. Beiden ist es verwehrt, eine Anordnung der Toten richtig verstehen zu können.

Eines Tages brachte ein mutiger Jäger eine Frau heim. Er heiratete sie, und sie wurden sehr glücklich. Aber die Mutter des Mannes hasste die junge Frau, und so schmiedete sie ein Komplott: Mit einem heimtückischen Anschlag tötete sie ihre Schwiegertochter, als der Mann eben auf der Jagd war; schnell trugen die Leute Reisig zusammen und verbrannten die Leiche, noch bevor der Jäger heimkehrte.

Als der Mann am Abend nach Hause kam, sah er was geschehen war. Er ging zu dem Platz, wo das Feuer noch schwelte, und bewegungslos stand er und starrte in die Asche. Rauchwölkchen erhoben sich von den verkohlten Resten und schwebten in der Luft umher.

Die ganze Nacht und den folgenden Tag lang war der Blick des Mannes von diesen Wölkchen gebannt. In der Dämmerung aber löste sich die größte Wolke und begann um den Ascheplatz herumzuwirbeln. Plötzlich drehte sie sich und entfernte sich den Weg hinab. Der Jäger ging hinterher. Als die Dunkelheit hereinbrach, erkannte er, dass es seine Frau war, der er folgte. Immer weiter führte sie ihn – bis zu dem Felsen, den alle Toten passieren müssen. Waren sie schlechte Menschen, so stürzte er auf sie herab und zermalmte sie.

Die beiden aber kamen ungehindert vorbei. Denn die Frau hatte plötzlich zu sprechen angefangen: »Ich werde dich auf meinem Rücken tragen, dann wird uns nichts geschehen.«

Sie gingen weiter, bis sie an den Fluss kamen, den die Toten durchwaten müssen, in dem Lebende aber ertrinken. Doch da die Frau ihren Mann auf dem Rücken trug, gelangten sie sicher hinüber.

Nun waren sie im Reich der Toten. Sofort ging die Frau zu ihren Eltern und den Geschwistern, die vor ihr gestorben waren. Die waren sehr glücklich über die Frau, den Mann aber wollten sie abweisen. Erst als die Frau inständig für ihren Mann bat, durfte auch er bleiben. Doch es war schwer für ihn im Land der Toten. Ihre Nahrung konnte er nicht teilen. Stets mussten sie ihm Essen zubereiten, das für Lebende geeignet war. Auch vermochte er bei Tag nichts zu sehen. So war er sehr einsam.

Erst wenn die Nacht kam, konnte er seine Frau und die anderen Toten erkennen, denn sie waren wie Schatten.

Wie Schatten waren auch die Tiere dort. Wenn es tagsüber zur Jagd ging, mussten die Toten den Mann bei den Händen halten. Sie stellten ihn mitten auf den Weg, den das Wild nahm. Und kamen Tiere vorbei, so riefen sie laut: »Das Wild kommt!« Dann konnte er versuchen, etwas zu erlegen. Doch seine einzige Jagdbeute waren zwei kleine schwarze Käfer. Dennoch freuten sich die Toten. Und sie hießen ihn von da an als Jäger willkommen.

Doch je länger je mehr empfanden sie Mitleid mit ihm: »Es ist noch viel zu früh für ihn zu sterben«, sagten sie. »Er gehört in die Welt der Lebenden. Er muss zurück!« Und weil seine Frau ihn so liebte, beschlossen die Toten, dass sie ihn begleiten dürfe. Sie richteten alles für die Reise, erlegten den beiden aber auf, sich drei Nächte voneinander fernzuhalten, sobald sie wieder auf der Erde seien.

Was aber drei Nächte für die Toten sind, das sind drei Jahre für die Lebenden. Die beiden jedoch wussten das nicht. Als sie nun heil auf die Erde zurückgekehrt waren, hielten sie sich wie befohlen drei Nächte voneinander fern. Am vierten Abend aber sanken sie einander voller Liebe in die Arme und teilten für die Nacht ihr Lager.

Und es geschah, als der Jäger am Morgen darauf erwachte – da war er allein.

Ruth Benedict

Himmel und Hölle bei den Tolteken

Das Nahua-Volk der Tolteken, das bereits Jahrhunderte vor den Azteken das Hochland von Zentralmexiko beherrschte, entwickelte Vorstellungen über das Jenseits, die dann von ihren aztekischen Nachfolgern in Abwandlung übernommen wurden: Wer sich auf Erden, außer dass er gut lebte, nichts hatte zuschulden kommen lassen, kam in den untersten Himmel des Regengottes Tlaloc. Die edleren Menschen kamen in den zweiten Himmel. Wer aber lebenslang nach Erleuchtung und Weisheit gesucht hatte, kam in den höchsten und vollkommensten Himmel. Die Bösen des Diesseits indes stiegen ab in die Hölle Mictlan. Hier gab es keine Dämonen, aber eine erschreckend lautlose ewige Hoffnungslosigkeit und Langeweile.

Für die ewig Seligen waren drei Paradiese vorgesehen – eines schöner und vollkommener als das andere. Wer auf der Erde nichts weiter vollbracht hatte, als gut zu essen und zu trinken, sich zu amüsieren und das Böse zu verabscheuen, ohne das Gute zu tun, kam in den untersten Himmel Tlalocan, das Land-des-Wassers-und-des-Nebels. Hier herrschte eine Art irdischer Glückseligkeit. Mais, Tomaten, Bohnen, Kürbisse und Pfeffersträucher wuchsen in Fülle. Überall blühten Blumen. Der gute Regengott Tlaloc befehligte eine Heerschar von freundlichen Zwergen, die Tlaloques, die alle Arbeit machten. Die Menschen selbst aßen und tranken, sangen fröhliche Lieder, fingen Schmetterlinge und machten Bocksprünge. Das war eine lustige Runde. Allerdings mussten die Bewohner des untersten Himmels später wieder auf die Erde zurückkehren, weil sie nicht vollkommen waren. Sie wurden wieder geboren.

Besser, den Edleren vorbehalten, war das zweite Paradies der Eingeweihten: Tlillan-Tlapallan. Es hieß auch das Land-von-Schwarz-und-Rot. Die Seelen dieses Himmels besaßen bereits keinen Körper mehr, und sie brauchten auch nicht wieder geboren zu werden.

Der höchste und vollkommenste Himmel war Tonatiuhican, das Haus-der-Sonne. Dieses Paradies blieb jenen vorbehalten, die ihr Leben der Suche nach Erleuchtung und Weisheit geweiht hatten und auf diesem Weg in die ewige Glückseligkeit gelangten.

Wer freilich im Diesseits böse gewesen war, ein Verbrecher, Gottesleugner oder Mörder, musste in die Hölle Mictlan absteigen, die im Mittelpunkt der Erde, auf der neunten Stufe der Unterweltsleiter, lag.

Hier herrschten der Gott Mictlantecuhtli und seine Frau, die Göttin Mictlancihuatl. Die beiden waren die Fürsten der abgeschiedenen Seelen. Unter ihrer Herrschaft standen alle Verstorbenen – die Reichen und Armen, die Sklaven und Könige. Hier waren alle gleich.

Wenn die Seele die Erde verließ, musste sie die verschiedenen Stufen hinabsteigen. Zuerst kam sie zu einem Fluss, an dessen Ufern ein gelber Hund Wache hielt. Durch eine Schlucht erreichte sie den schwarzen Obsidianberg der Unterwelt.

In der Hölle saßen keine Dämonen und Teufel, die die armen Seelen mit Zangen zwickten, mit Feuer brannten und mit Schmerzen peinigten. Es war ein Land der absoluten Stille, ein erschreckend lautloses, unwirkliches Land. Die Seelen waren anwesend, aber sie konnten weder Glück noch Leid, kein Unglück und keine Freude empfinden. Ihre Strafe bestand in der Erkenntnis ihrer Ohnmacht, der ewigen Hoffnungslosigkeit. Sie befanden sich in einem Land des Untergangs, aus dem es keine Rückkehr gab. Dieses Land lag nicht in ewiger Finsternis, aber es war auch nicht erleuchtet. In ihm schwebten die Verdammten wie durchsichtige, wesenlose Erscheinungen. Sie konnten nicht lachen und nicht weinen. Sie existierten, ohne dass je etwas geschah. Man könnte sich denken, dass ihre Strafe aus immerwährender Langeweile bestand. Und das ist vielleicht die schrecklichste Form der Verdammnis.

Inge Dreecken, Walter Schneider

Die Himmelreiche der Azteken

Die Azteken, die 200 Jahre lang (1325–1521) weite Teile Mexikos beherrschten und sich mit Tenochtitlan, ihrer Hauptstadt im See, ein mächtiges Zentrum schufen, hatten die Vorstellung von dreizehn Himmeln oben und fünf Unterwelten. Beide Bereiche waren verbunden durch die Himmelsachse im Zentrum der Stadt, im Templo Mayor, dem Doppeltempel von Tlaloc, dem Regengott, und Huitzlopochtli, dem blutdürstigen Sonnen- und Kriegsgott. In seinen Ursprungsformen hat man diesen Tempel im Zeremonialbezirk Tenochtitlans, heute Mexiko City, ausgegraben.
Nachfolgend beschrieben sind das glückliche Himmel-Reich Tlalocan, das Kranken und denen, die im Zusammenhang mit Wasser umgekommen

waren, vorbehalten war, und der dritte Oberweltbereich »In ichan tonatiuh ilhuicac«, das schöne »Haus der Sonne«, wo tote Krieger und Kriegerinnen, die siegreich gewesen waren, aber auch im Kindbett gestorbene Frauen, die jenen gleichgeachtet waren, aufgenommen wurden. Sie verwandelten sich hier in bunte Vögel und genossen ewige Wonnen.
Im 16. Jahrhundert sammelte Bernardino de Sahagún, Missionar in Mexiko, über Jahre hinweg Erzählungen der Eingeborenen und fügte sie in Aztekisch zu einem Geschichtswerk zusammen, dessen Handschrift teils nach Florenz, teils nach Madrid gelangte und die 1889 von Eduard Seler ins Deutsche übertragen wurde. Die im Original breit angelegten Kapitel sind hier erheblich gekürzt.

Tlalocan

In Tlalocan war man sehr reich und glücklich, litt niemals Not. Niemals fehlten die grünen Maiskolben, die Kürbisse, das Kürbisblütengemüse, das Baumhaar, die grünen Pfefferschoten, die Tomaten, die grünen Bohnen, die gelben Tagetesblüten.

Und dort wohnen die Tlaloque (Regengötter), die den Priestern, den Langhaarigen, gleichen, die wie Räucherpriester sind. Und dorthin gehen die vom Blitz Erschlagenen, die Ertrunkenen, und die im Wasser sterben, und die Aussätzigen, und die an Hautkrankheiten und an nicht heilenden Vereiterungen leiden, und die Gichtkranken und die, die Aufschwellungen des Leibes dahinraffen, die an ansteckenden Krankheiten sterben. Und in Tlalocan sagt man, ist es immer grün, immer sprosst es, immer ist es Sommer.

In ichan tonatiuh ilhuicac

Der dritte Ort, wohin man ging, war das Haus der Sonne am Himmel. Die im Kriege Gefallenen gingen dorthin, die entweder gleich im Kriege starben, dass es auf dem Schlachtfelde sie dahinraffte, dass dort der Atem ihnen ausging, dass dort das Geschick sie ereilte, oder die heimgebracht werden, um später geopfert zu werden.

Man sagt, sie alle treten ein in ein Hochtal. Wenn die Sonne kommt, empfangen sie sie mit dem Kriegsruf, schlagen an ihre Schilde. Und wessen Schild an zwei oder drei Stellen vom Pfeil durchbohrt ist, der kann die Sonne sehen. Aber wessen Schild an keiner Stelle durchschossen ist, der kann die Sonne nicht sehen.

Und wo die im Kriege Gefallenen wohnen, da gibt es wilde Agaven, Dornengewächse und Haine von Akazien. Und alle Opfergaben, die man ihnen bringt, die können sie sehen, die können sie erquicken. Und nachdem sie vier Jahre so verbracht haben, verwandeln sie sich in Vögel von glänzendem Gefieder: in Kolibris, Blumenvögel, in gelbe Vögel mit schwarzer Vertiefung um die Augen, in kreideweiße Schmetterlinge, in Daunenfederschmetterlinge, in Schmetterlinge, groß wie Trinkschalen, den Honig zu saugen, dort in ihrer Wohnung. Und sie kommen hierher zur Erde, den Honig zu saugen aus allen Arten von Blumen.

Und Folgendes ist die Erzählung: Die im Kindbett gestorbene Frau, obwohl sie zum Weinen, zum Trauern Anlass gibt, so freuen sich doch andererseits die Eltern und der Mann sehr, denn sie geht nicht in das Totenreich, sie geht in den Himmel, das Haus der Sonne. Man nennt sie »Krieger, der in der Gestalt einer Frau auftritt«. Man sagt von ihr: »Sie ist eine Göttin geworden.« Sie wohnt da, wo die Sonne am Abend ins Haus hineingeht. Darum haben die Gesetzgeber, die Alten, die Gegend, wo die Sonne untergeht, das Frauenland genannt.

Wenn die Sonne schon ihre Bahn geht, machen sich die Frauen fertig, legen Kriegsrüstung an, steigen am Himmel empor, gehen der Sonne bis zum Zenit entgegen. Dort nehmen sie die Sonne aus der Hand der Krieger und geleiten sie nach dem Ort, wo sie untergeht. Man sagt, sie übergeben die Sonne dort den Leuten von Mictlan, den Todesgöttern. Die führen sie durchs Totenreich. Denn Folgendes sagen die Alten: »Wenn es hier Nacht ist, so wird es dort hell. Es bricht der Morgen an im Totenreich. Es erwachen, es erheben sich die Toten.«

Und nachdem die Frauen den Bewohnern des Totenreiches die Sonne übergeben haben, zerstreuen sie sich und kommen zur Erdoberfläche zurück. Sie holen und suchen die Spindeln, die Webmesser, die Arbeitskörbchen, die gesamte weibliche Habe.

Zu der armen Frau aber, die im Kindbett starb, spricht die Hebamme: »Oh du dunkle Schmuckfeder, Kriegerin, du hast Mühsal erduldet, hast mannhaft Leiden auf dich genommen, obwohl dir den Sieg, die Vernichtung der Feinde, nicht zu eigen gegeben hat unser Herr. Obwohl du jetzt das Ziel der Mühe nicht erreicht hast, bist du doch glücklich, begnadet worden zu sein mit einem guten, trefflichen hochgeschätzten Tode. Und jetzt erwache! Erhebe dich! Richte dich auf! Schon ist es Tag. Schon dämmert die Morgenröte. Schon hat sich erhoben der Araravogel mit seinen brennend roten Schwanzfedern.

Schon singt das feuerrote Waldhuhn, die feuerrote Schwalbe. Schon singen die verschiedenen feuerroten Schmuckvögel.
Geh, wandere nach dem guten Ort, nach dem Haus deiner Mutter und deines Vaters, der Sonne. Mögen dich in ihre Hände aufnehmen die Fürstinnen, die Himmelsfrauen, die ewig leben in Lust und Glück und Freude. Mit ihnen gemeinsam schwinge die Rassel unserer Mutter, unserem Vater, der Sonne.«

Bernardino de Sahagún

Der skelettierte aztekische Totengott Mictlantecuhtli war in ganz Mesoamerika beliebt. Trotz seines bleckenden Gebisses und der hervortretenden Augen (sie galten als Sterne, die ihm das Sehen in der Dunkelheit der Unterwelt erleichterten) war er viel freundlicher als etwa christliche oder buddhistische Höllenherrscher.

Totonac-Keramik, Mexiko 600–900. Museo de Antropología de la Universidad Veracruzana, Jalapa

Das Kinderparadies der Azteken

Nirgendwo in den Weltkulturen wird von einem eigenen Kinderparadies erzählt – allein bei den Azteken. Bernardino de Sahagún erwähnt in seinem kolonialzeitlichen Geschichtswerk über die Azteken auch einen Ort Chichihualcuauhco (»in dem Ammenbaum«), der verstorbenen Säuglingen, die direkten Zugang zum Jenseits hatten, vorbehalten war. Dort würden sie von den Früchten eines Baumes ernährt und könnten danach in den Leib der Mutter – also in die bestehende Welt – zurückkehren, um erneut geboren zu werden.

Und wer noch als kleiner Knabe stirbt,
wer noch als kleines Kind in der Wiege liegt,
der, sagt man, geht nicht nach der Unterwelt,
sondern nach dem Gartenlande.
Man sagt, dass dort der Säuglingsbaum sich befindet,
an dem die kleinen Kinder saugen.
An seinem Fuße machen den Mund auf und zu die kleinen Kinder.
In ihren Mund tropft die Saugflüssigkeit.

Bernardino de Sahagún

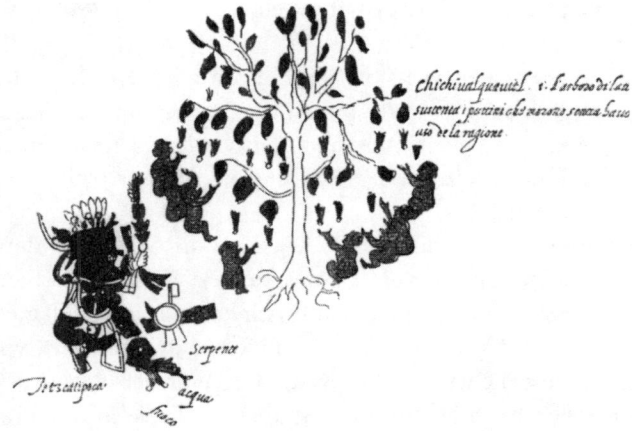

Der Ammenbaum der Azteken mit dem Schöpfergott Tezcatlipoca (»Rauchender Spiegel«), einem der wichtigsten aztekischen Götter. Dargestellt ist er mit dem Zauberspiegel aus Obsidian und der Türkisschlange, zwei für ihn typische Attribute.
Zeichnung des 16. Jahrhunderts.

Die Reise der Seele ins Land des Großvaters – Jenseitsmythos der Guarayú in Bolivien

Die Guarayú sind ein kleines, zur selben Sprachfamilie wie die bekannteren Guaraní gehöriges Volk an der Grenze zwischen Bolivien und dem brasilianischen Mato Grosso, wo der Regenwald in die Savanne übergeht. Von den Guaraní sprechenden Völkern in Bolivien, Paraguay und Südbrasilien wird ein höchstes Wesen verehrt – respektvoll »Großvater« tituliert –, zu dem die Seele, wie die Menschen hoffen, nach dem Tode gelangen möge, um in seiner Nähe weiter zu leben: ähnlich wie hier auf Erden, jedoch in einem »Land ohne Übel«. Freilich ist es ein mühevoller Weg dorthin.

Bald nach dem Begräbnis beginnt die freigewordene Seele des Verstorbenen eine lange und gefahrvolle Reise in das Land des mythischen Ahnherrn, des Tamoi oder Großvaters, der fern im Westen lebt. Dabei hat die Seele gleich zu Anfang zwischen zwei Wegen zu wählen. Der eine ist breit und bequem. Der andere ist eng und durch wucherndes Geschling und Tabakpflanzen blockiert, aber, da sie weise und mutig ist, folgt die Seele diesem. Bald gelangt sie zu einem großen Fluss, den sie auf dem Rücken eines wilden Alligators überqueren muss. Der Alligator aber setzt die Seele nur dann über, wenn sie es versteht, seinen Gesang durch rhythmisches Schlagen ihres Bambusstabes recht zu begleiten.

Nach einer Zeit erreicht die Seele einen anderen Fluss, den sie nur überqueren kann, wenn sie auf einen Baumstamm springt, der mit großer Geschwindigkeit zwischen den beiden Ufern hin- und hertreibt. Sollte die Seele dabei fallen und ins Wasser gleiten, reißen die Fische sie in Stücke.

Angekommen am anderen Ufer, nähert die Seele sich dem Aufenthaltsort von Izoi-tamoi, dem Großvater der Würmer, der von weitem riesig aussieht. Je näher sie jedoch herankommt, desto kleiner wird er.

Nur wenn der Verstorbene ein schlechter Mensch war, vollzieht es sich genau umgekehrt: Der Großvater der Würmer wächst und wächst bis zu riesigen Ausmaßen und zerspaltet die Seele in zwei Teile.

Hat sie Izoi-tamoi hinter sich gelassen, reist die Seele durch eine dunkle Gegend; aber indem sie das Strohbündel anzündet, das ihr Verwandte mit ins Grab gelegt haben, erleuchtet sie sich den Weg. Damit die riesigen Fledermäuse in jener dunklen Gegend die Fackel nicht auslöschen, muss sie sie hinter dem Rücken tragen.

Hat sie jene Gegend durchquert, wird es wieder hell, und sobald die Seele in die Nähe eines wunderschönen Kapokbaumes kommt, hält sie Ausschau nach den Vögeln, die in seinen Zweigen sitzen und singen. Sie wäscht sich in einem Bach, schießt einige der Vögel, ohne sie an falscher Stelle zu verletzen, zupft ihre Federn und bewahrt sie auf für Tamois Haarschmuck. Kurz tritt sie gegen den Stamm des Kapokbaumes, um ihre Verwandten wissen zu lassen, dass sie diesen Ort erreicht hat.

Ihr nächstes Hindernis sind zwei Felsen, genannt Itacaru, die an ihrem Weg aufeinanderprallen. Versteht die Seele es aber die Felsen anzureden, lassen sie sie durch einen schmalen Spalt hindurchschlüpfen. An einer letzten Kreuzung achtet ein Vogel darauf, ob die Seele wohl, wie alle guten Guarayú, Lippen und Ohren perforiert hat; ist das der Fall, wird er ihr die richtige Richtung weisen.

Nach weiteren Prüfungen windet sich der Weg schließlich aus Urwald und Grasland heraus, und die Seele erreicht eine große Straße, die von Blütenbäumen mit singenden Vögeln eingefasst ist. Da weiß sie, dass sie im Land des Großvaters angelangt ist. Ihre Ankunft kündet sie an, indem sie mit dem Bambusstock auf die Erde stößt. Der Großvater heißt sie, während sie ihm die Federn überreicht, mit freundlichen Worten willkommen. Alsbald wäscht er die Seele mit Zauberwasser, das ihre Jugend und ihr gutes Aussehen wiederherstellt. Und von da an lebt die Seele glücklich, trinkt Maisbier und setzt all die Tätigkeiten ihres früheren Lebens im Lande Tamois fort.

Alfred Métraux

Die himmlischen Schmetterlinge – Jenseitsmythos der Kamaiurá in Brasilien

In Brasilien leben noch zahlreiche Indianerstämme und -gruppen, die bis auf den heutigen Tag nur spärlichen Kontakt mit der weißen Zivilisation und mit christlichen Missionaren haben. Zu ihnen gehören die Kamaiurá (etwa 300 kennt man) am Oberlauf des Rio Xingu im Mato Grosso. Wie bei anderen Stämmen des Amazonasraumes gibt es auch bei den Kamaiurá die Vorstellung, die Verstorbenen würden zu Schmetterlingen. Die nachfolgende Erzählung aus dem Mythenschatz dieser noch »unberührten« Indianergruppe wurde erst vor kurzem aufgezeichnet.

Coaciaba war eine junge, schlanke Indianerin von seltener Schönheit. Doch sie war schon sehr früh verwitwet, weil ihr Mann als tapferer Krieger von einem gegnerischen Pfeil tödlich getroffen worden war. Mit unbeschreiblicher Zärtlichkeit kümmerte sie sich um ihr einziges Töchterchen namens Guanambí: Um der unstillbaren Sehnsucht nach ihrem Mann Herr zu werden, spazierte sie, so oft sie nur konnte, am Flussufer entlang und betrachtete die Schmetterlinge, oder sie ging auf die Wiese in der Nähe des Feldes, wo die verschiedensten Vögel und Insekten zu beobachten waren.

Doch Trauer und Schmerz waren so groß, dass Coaciaba starb. Menschen sterben ja nicht nur an einer Krankheit oder an Altersschwäche, sondern auch an Sehnsucht nach einem geliebten Menschen.

Guanambí, die kleine Tochter, stand völlig allein da. Untröstlich wie sie war, weinte sie ständig, insbesondere dann, wenn die Mutter sie sonst auf ihre Spaziergänge mitgenommen hatte. So klein sie auch war, wollte sie dennoch immer nur ans Grab der Mutter. Lust am Leben hatte sie keine mehr. Also betete sie zu den Geistern, sie sollten sie holen und dorthin bringen, wo ihre Mutter war.

Vor lauter Trauer wurde Guanambí Tag für Tag schwächer, bis schließlich auch sie starb. Dass so viel Unglück und Leid eine einzige Familie treffen kann, erfüllte die ganze Verwandtschaft mit Sorge und Schmerz.

Doch merkwürdigerweise verwandelte sich Guanambís Geist nicht in einen Schmetterling, wie es mit den Stammesangehörigen bisher immer geschehen war. Guanambí wurde gefangen gehalten in einer herrlichen lila Blüte, in der Nähe des mütterlichen Grabes. So war sie der Mutter ganz nahe, wie sie es von den Geistern ja auch erbeten hatte.

Mutter Coaciaba, deren Geist sich in einen Schmetterling verwandelt hatte, flatterte von Blüte zu Blüte und sog überall den Nektar, um sich für die Reise in den Himmel zu stärken.

Eines Tages, der Abend hatte sich bereits angekündigt, flog sie noch von Blüte zu Blüte, bis sie schließlich auf einer prächtigen lila Blume landete. Als sie an dem Nektar nippte, hörte sie ein trauriges feines Weinen. Ihr Herz wurde betrübt, denn in der Blüte erkannte sie die Stimme der geliebten Tochter Guanambí. Wie konnte das Kind nur in ein derartiges Gefängnis geraten sein?

Die Kolibrifrau fliegt zu ihrem toten Kind in der lila Blüte herab.
Illustration von Walde-Mar de Andrade e Silva, einem Abkömmling der Tupinambá-Indianer.

Als sie sich von ihrem Schmerz erholt hatte, sagte sie: »Geliebte Tochter, deine Mutter ist ja bei dir. Sei ganz unbesorgt. Ich werde dich befreien, damit wir zusammen in den Himmel fliegen können.«

Doch bald schon wurde ihr klar, dass sie ja ein gar zu leichter Schmetterling war und nicht die notwendige Kraft hatte, die Blütenblätter zu öffnen, die Blume aufzubrechen und ihr geliebtes Kind zu befreien. Also betete sie unter Tränen zum Schöpfergeist wie auch zu allen Ahnen des Stammes: »Um der Liebe zu meinem Gatten willen, der ein mutiger Krieger war und in Verteidigung der Brüder und Schwestern gefallen ist, und aus Mitleid mit meiner verwaisten Tochter Guanambí, die im Innern der lila Blume gefangen ist, bitte ich dich, menschenfreundlicher Geist, und euch, alle Ahnen meines Stammes: Verwandelt mich in einen schnellen, wendigen Vogel mit einem spitzen Schnabel, dass ich die lila Blume aufpicken und meine geliebte Tochter befreien kann.«

Und in der Tat, Coaciaba vermochte es, sowohl beim Schöpfergeist als auch bei den Stammesahnen so großes Mitgefühl zu wecken, dass sie ohne Zuwarten ihrer Bitte entsprachen. Sofort verwandelten sie sie in einen herrlichen Kolibri, der leicht und wendig zu der lila Blume flog. Mit zärtlicher Stimme flüsterte Coaciaba: »Töchterchen, ich bin's, deine Mutter. Du brauchst nicht zu erschrecken. Die Geister haben mich zu einem Blütenküsser-Kolibri gemacht. Ich bin gekommen, dich zu befreien.«

Mit seinem spitzen Schnabel und mit der größten Vorsicht entfernte der Kolibri Blütenblatt um Blütenblatt, bis er das Herz der Blume offen vor sich hatte. Da nun lag Guanambí, lächelte und streckte der Mutter die Arme entgegen. Geläutert stiegen die beiden immer höher in die Wolken auf, bis sie schließlich in den Himmel gelangten. Seit der Zeit pflegen die Ureinwohner Amazoniens beim Tod eines Waisenkindes den Brauch, die kleine Leiche mit lila Blüten zu bedecken, so als läge sie in einer einzigen großen Blume. Die Indianer sind sich sicher, dass die Mutter in der Gestalt eines Kolibris kommt, um das Kind zu holen, und dass Mutter und Kind sich umarmend bis in den Himmel fliegen, wo sie, unzertrennlich vereint, in alle Ewigkeit glücklich sein werden.

Leonardo Boff

Leben danach – Eine Jenseitsparabel

Es ist alles in den Schoß der Mutter zurückverlegt. Aber ganz unzweifelhaft meint diese Parabel, dass der Mensch in diesem Leben, das er unwiederbringlich verlassen muss, auf eine alles umwerfende unausdenkbare Überraschung im Jenseits hofft. Der Tod als Neugeburt, das stand den Menschen in den Kulturen und Religionen immer wieder vor Augen. Die Mutter? – das ist die alles umgebende unsichtbare Gottheit.

Es geschah, dass in einem Schoß Zwillingsbrüder empfangen wurden. Die Wochen vergingen und die Knaben wuchsen heran. In dem Maß, in dem ihr Bewusstsein wuchs, stieg die Freude: »Sag, ist es nicht großartig, dass wir empfangen wurden? Ist es nicht wunderbar, dass wir leben?!«

Die Zwillinge begannen ihre Welt zu entdecken. Als sie aber die Schnur fanden, die sie mit der Mutter verband und die ihnen Nahrung gab, da sangen sie vor Freude: »Wie groß ist die Liebe unserer Mutter, dass sie ihr Leben mit uns teilt!«

Die Wochen vergingen und wurden zu Monaten. Da merkten die Zwillinge plötzlich, wie sehr sie sich verändert hatten. »Was soll das heißen?«, fragte der eine.

»Das heißt«, antwortete der andere, »dass unser Aufenthalt in dieser Welt bald seinem Ende zugeht.«

»Aber ich will gar nicht gehen«, erwiderte der eine, »ich möchte für immer hier bleiben.«

»Wir haben keine andere Wahl«, entgegnete der andere, »aber vielleicht gibt es ein Leben nach der Geburt.«

»Wie könnte dies sein?!«, fragte zweifelnd der erste, »wir werden unsere Lebensschnur verlieren, und wie sollten wir ohne sie leben können? Und außerdem haben andere vor uns diesen Schoß hier verlassen, und niemand von ihnen ist zurückgekommen und hat uns gesagt, dass es ein Leben nach der Geburt gibt. Nein, die Geburt ist das Ende!«

So fiel der eine von ihnen in tiefen Kummer und sagte: »Wenn die Empfängnis mit der Geburt endet, welchen Sinn hat dann das Leben im Schoß? Es ist sinnlos. Womöglich gibt es gar keine Mutter hinter allem.«

»Aber sie muss doch existieren«, protestierte der andere, »wie sollten wir sonst hierher gekommen sein. Und wie könnten wir am Leben bleiben?«

»Hast du je unsere Mutter gesehen?«, fragte der eine. »Womöglich lebt sie nur in unserer Vorstellung. Wir haben sie uns erdacht, weil wir dadurch unser Leben besser verstehen können.«

Und so waren die letzten Tage im Schoß der Mutter gefüllt mit vielen Fragen und großer Angst. Schließlich kam der Moment der Geburt. Als die Zwillinge ihre Welt verlassen hatten, öffneten sie ihre Augen. Sie schrien. Was sie sahen, übertraf ihre kühnsten Träume.

Aus Amerika

Textverzeichnis

21-23	Die Religion der Babylonier und Assyrer, übertr. u. eingel. v. A. Ungnad, Jena 1921.
22-23	Nach Mircea Eliade, Geschichte der religiösen Ideen. Quellentexte, hg. v. Günter Lanczkowski, Freiburg 1981.
24-25	Urkunden zur Religion des Alten Ägypten, übers. u. eingel. v. Günter Roeder, Jena 1923.
25-26	Hermann Kees, Ägypten, Religionsgeschichtliches Lesebuch 10, Tübingen 1928.
27-30	Jan Assmann, Tod und Jenseits im Alten Ägypten, © C. H. Beck Verlag, München - ISBN 3 406 465 706.
30-31	Hans Haas, Textbuch zur Religionsgeschichte, Leipzig 1922.
31	Hermann Kees, a. a. O.
32	Übertr. v. Rudolf Alexander Schröder, Berlin 1948.
32-33	Übers. v. Johann Heinrich Voß, Hamburg 1781.
33	Werke und Tage. Ein Lehrgedicht des Hesiod über den Ackerbau, übertr. v. Thassilo von Scheffer, Wien 1936.
34	Übertr. v. Ludwig Wohlde, Leipzig 1942.
36-37	Platons Mythen, übertr. v. Karl Reinhardt, Bonn 1927.
39-41	Ciceros Werke, übers. v. Heinrich Moser, Stuttgart 1827-1861.
42-46	Vergil, Aeneis, übers. u. hg. v. Johannes Götte, München 2/1965.
46-48	Übers. v. Hermann Breitenbach, Zürich 1958.
48	Übers. v. Hans Färber. Aus dem Epigrammata Graeca ex lapidibus conlecta, Ep. 649, ed. Kaibel, Berlin 1878.
49-51	Die Edda, die Ältere und die Jüngere, übers. u. erl. v. Karl Simrock, Stuttgart 1871.
55-56	Die Apokryphen und Epigraphen des Alten Testaments, Bd. 2, hg. v. E. Kautzsch, Tübingen 1900.
56-57	Übertr. v. A. Dillmann 1851. In: Die Apokryphen, a. a. O.
69-71	Nach Edgar Henneke, Neutestamentliche Apokryphen in dt. Übersetzung, hg. v. Wilhelm Schneemelcher, Bd. 2, J. C. B. Mohr (Paul Siebeck), Tübingen 3/1964.
71-76	Texte der Kirchenväter, hg. v. Heinrich Kraft, Bd. 4, Kösel-Verlag, München 1966.
77-79	Elisabeth Peters, Quellen und Charakter der Paradiesvorstellungen in der deutschen Dichtung vom 9. bis 12. Jh. Germanistische Abhandlungen H. 48, Breslau 1915.
81-82	Quelle unbekannt.
83-86	Übertragung v. Karl Vossler, © Atlantis Verlag, Zürich.
87	Aus: Jörg Zink, Unter dem großen Bogen. Das Lied von Gott rings um die Erde, © Kreuz Verlag, Stuttgart 2001, S. 350.
88-89	Nach Karl F. Geldner, Die zoroastrische Religion (Das Avesta), in: Religionsgeschichtliches Lesebuch 1, hg. v. Alfred Bertholet, Tübingen 1926.
90-91	Hans Haas, a. a. O.
92-94	Das islamische Totenbuch. Jenseitsvorstellungen des Islam, hg. v. Helmut Werner, © 2002 Verlagsgruppe Lübbe Gmbh & Co. KG, Bergisch-Gladbach.
95-96	Hans Bethge, Der asiatische Liebestempel, Berlin 1941.
97-99	Joseph Schacht, Der Islam, Religionsgeschichtliches Lesebuch 16, hg. v. Alfred Bertholet, Tübingen 2/1931.

101-102	Nach Gedichte aus dem Rig-Veda, Stuttgart 1964.
104	Übertragung v. Helmut v. Glasenapp, in: Hinduismus, München 1922.
105-107	Nach Walter Otto, Vishna-Narayana, die Religion des alten Indien III, Jena 1917.
108	Vier philosophische Texte des Mahabharata, hg. v. Paul Deußen, Leipzig 1906.
112-114	Das Große Westliche Paradies, in: »Sacred books of the East« Bd. 43, hg. v. Max Müller, Oxford 1894.
115-116	Aus: Mircea Eliade, Geschichte der religiösen Ideen, © Herder Verlag, Freiburg im Breisgau, 1/Auflage 2002.
118-119	Die Religion der Batak, hg. v. Johannes Warneck, Göttingen 1909.
120-121	Nach Hendrik van der Veen, The Sadan Toradja, Chant for the Deceased, s' Gravenhage 1966.
123-125	Nach E. S. Craighill Handy, Polynesien Religion, Honolulu 1927, S. 81 ff.
126-127	Nach Märchen der Südsee, erzählt v. Vladimir Reis, Hanau 1976.
129-130	J. Spieth, Die Religion der Eweer in Südtogo, Afrika, Leipzig 1911.
131	Diedrich Westermann, Die Kpelle, ein Stamm in Liberia, Göttingen 1921.
133-135	Uno Harva, Die religiösen Vorstellungen der altaischen Völker, Helsinki 1938.
136-138	Nach James R. Walker, Lakota Belief and Ritual, hg. v. R. de Mallie u. E. Jahner, Lincon, Nebrasca 1980.
139-140	Zusammengestellt aus historischen Interviews um 1900 und eigenen Gesprächen mit Sioux-Indianern.
140-142	Textfassung Dietmar Först nach Richard Erdoes, Tahca Ushte, Medizinmann der Sioux, übers. v. Claus Biegert, List Verlag, München 1979.
143	Nach W. Schmidt, Ursprünge der Gottesidee Bd. 1, Münster 1929, J. d. Smet S. J., Cinquante novelles lettres, Paris/Tournai 1858.
144-145	Nach Ruth Benedict, Serrano Tales, Journal of American Folklore 39, 1926.
146-147	Inge Dreecken, Walter Schneider, Die schönsten Sagen der Neuen Welt, Südwest Verlag, München 1972.
148-151	Edurd Seler, Einige Kapitel aus dem Geschichtswerk des Fray Bernardino de Sahagun, Stuttgart 1927.
152-153	Nach Alfred Métraux, The Native Tribes of Eastern Bolivia and Western Mato Grosso. Bureau of American Ethnology, Bulletin 134, Washington D. C. 1942, S. 105f.
154-156	Haus aus Himmel und Erde. Erzählungen der brasilianischen Urvölker, gesammelt von Leonardo Boff. Aus dem Portugiesischen übers. u. für die deutsche Ausgabe bearb. v. Horst Goldstein, Patmos Verlag, Düsseldorf 2003.
157	Nach Klaus Berger, Wie kommt das Ende der Welt? Stuttgart 1999.

Alle anderen Texte, sofern nicht anders ausgewiesen, in der Textfassung von Dietrich Steinwede.

Abbildungsverzeichnis
(soweit nicht bei der Abbildung angegeben)

111	© Kulturhistorisches Bildarchiv Hansmann, München.
155	© Brigitte Goller, Freiburg.